Autor _ ÉLISÉE RECLUS
Título _ ANARQUIA PELA EDUCAÇÃO

Copyright _ Hedra 2016

Tradução© _ Plínio Augusto Coêlho

Corpo editorial _ Adriano Scatolin,
Alexandre B. de Souza,
Bruno Costa, Caio Gagliardi,
Fábio Mantegari, Felipe C. Pedro,
Iuri Pereira, Jorge Sallum,
Oliver Tolle, Ricardo Musse,
Ricardo Valle

Dados _

Dados Internacionais de Catalogação na Publicação (

R247   Reclus, Élisée (1830–1905)

Anarquia pela educação. / Élisée Reclus.
Tradução e organização de Plínio Augusto
Coêlho. Introdução de Philippe Pelletier. –
São Paulo: Hedra, 2011. (Estudos
Libertários). 104 p.

ISBN 978-85-7715-238-4

1. Movimento Político. 2. Sistema Político.
3. Anarquismo. I. Título. II. Coêlho, Plínio
Augusto, Organizador. III. Coêlho, Plínio
Augusto, Tradutor. IV. Pelletier, Philippe.

CDU 329.2
CDD 320.5

Elaborado por Wanda Lucia Schmidt CRB-8-1922

Direitos reservados em língua
portuguesa somente para o Brasil

EDITORA HEDRA LTDA.

Endereço _
R. Fradique Coutinho, 1139 (subsolo)
05416-011 São Paulo SP Brasil

Telefone/Fax _ +55 11 3097 8304

E-mail _ editora@hedra.com.br

Site _ www.hedra.com.br

Foi feito o depósito legal.

Autor	ÉLISÉE RECLUS
Título	ANARQUIA PELA EDUCAÇÃO
Tradução	PLÍNIO AUGUSTO COÊLHO
Introdução	PHILIPPE PELLETIER
São Paulo	2016

Élisée Reclus (Sainte-Foy-la-Grande, 1830 – Torhout, 1905) foi geógrafo e anarquista francês. Em 1851 viajou à Berlim, na Alemanha, onde foi aluno de Carl Ritter, retornando ainda no mesmo ano à França objetivando, com outros franceses, impedir o golpe de Estado de Luis Napoleão. O sucesso do golpe obriga Reclus a exilar-se na Inglaterra, pesando-lhe a acusação de defender ideais e práticas revolucionárias. Teve participação ativa na Comuna de Paris, em 1871, responsabilizando-se, juntamente com seu irmão, pela Biblioteca Nacional. Com o fim da Comuna, foi preso e deportado para a Nova Caledônia com outros *communards*. Banido por dez anos da França, visitou a América, a África e a Ásia. Em 1893 realizou sua última grande viagem, conhecendo a América do Sul, e passando pelo Brasil. Ao final do ano mudou-se para a Suíça, onde participou da Federação Jurassiana, uma organização operária impulsionada pelos anarquistas que haviam sido expulsos da Primeira Internacional. Em 1894 muda-se para Bruxelas, na Bélgica, onde trabalha para a criação da Universidade Nova e do Instituto de Altos Estudos. Responsável pela produção de uma longa e extensa obra, Reclus contribuiu para diversas publicações, dentre as quais destacam-se a *Nova geografia universal: a terra e os homens* (dez volumes) e *O homem e a terra* (5 volumes). Esquecido por um longo tempo, a partir dos anos 1970 começa a ser redescoberto por teóricos de diversas áreas do conhecimento.

Anarquia pela educação é uma compilação de artigos de Élisée Reclus que reúne seus escritos políticos. Organizado e traduzido por Plínio A. Coêlho, o livro apresenta ao leitor sete artigos: "A anarquia", "Por que somos anarquistas?", "A revolução", "A anarquia e a igreja", "Algumas palavras de história", "A meu irmão camponês" e "A pena de morte". Publicados entre 1879 e 1901, os textos tratam de suas concepções acerca da doutrina anarquista, utilizada como base para suas posições acerca dos mais diferentes assuntos, todos os quais têm a educação como pano de fundo.

Plínio Augusto Coêlho é tradutor desde 1984, quando fundou a Novos Tempos Editora, em Brasília, dedicada à publicação de obras libertárias. A partir de 1989, transfere-se para São Paulo, onde cria a Editora Imaginário, mantendo a mesma linha de publicações e traduzindo dezenas de obras. É o maior tradutor e editor das obras de Reclus em português, incluindo, dentre suas traduções, as coedições das editoras Imaginário e Expressão e Arte: *A evolução, a revolução e o ideal anarquista* (2002), *Renovação de uma cidade / Repartição dos homens* (2010), *As repúblicas da América do Sul* (2010) e *Da escravidão nos Estados Unidos* (2011). É idealizador e cofundador do IEL (Instituto de Estudos Libertários).

Philippe Pelletier é geógrafo francês e professor doutor de Geografia na Universidade Lyon II. Especialista em assuntos do Japão, país em que viveu sete anos, foi membro do Centro de Pesquisa Sobre o Japão Contemporâneo e do Instituto da Ásia Oriental. Especialista na obra de Reclus, possui significativa produção que trata sua obra a partir de uma abordagem da geografia política.

Série Estudos Libertários reúne obras, em sua maioria inéditas em língua portuguesa, que foram escritas pelos expoentes da corrente libertária do socialismo. Importante base teórica para a interpretação das grandes lutas sociais travadas desde a segunda metade do século XIX, explicitam a evolução da ideia e da experimentação libertárias nos campos político, social e econômico, à luz dos princípios federalista e autogestionário.

SUMÁRIO

Introdução, por Philippe Pelletier 9

ANARQUIA PELA EDUCAÇÃO   **19**
A anarquia 21
Por que somos anarquistas? 43
A revolução 47
A anarquia e a igreja 53
Algumas palavras de história 69
A meu irmão camponês 81
A pena de morte 93

INTRODUÇÃO

HÁ UNS DEZ ANOS o nome, a vida e a obra de Élisée Reclus (1830–1905) são progressivamente descobertos pelos geógrafos de todos os países (na França: Béatrice Giblinet, Yves Lacoste; na Grã-Bretanha: Gary S. Dunbar, Kenneth R. Olwig, David R. Stoddart; nos Estados Unidos: Richard Peet; na URSS: V. A. Anuchin; etc.).

Na França, os geógrafos não adotaram o nome de Reclus para seu projeto de redação de uma quarta *Geografia universal*, em homenagem àquele que redigira a segunda, "pioneiro por muito tempo mal conhecido [...], mas também homem corajoso e independente" (R. Brunet)?

Um símbolo...

Essa retomada participa do novo desenvolvimento das ideias libertárias. Kropotkin, que se encontra, evidentemente, associado a Reclus, seu companheiro de anarquia e geografia, é igualmente objeto de recentes trabalhos, em particular nos Estados Unidos (Bob Galois, Myrna M. Breitbart etc.). Em uma época de intensa transformação social e cultural, uma parte do mundo das ideias busca superar o caráter dessecador e simplificador de teorias que se querem progressistas como o marxismo, mas que perderam sua aura por suas aplicações trágicas e totalitárias, e constata, não sem surpresa, que em relação a questões fundamen-

INTRODUÇÃO

tais como as relações do homem com seu meio ambiente e a sociedade dos homens trouxeram proposições profundas numa perspectiva constantemente radical: anarquista. Mas isso não ocorre sem graves confusões; lê-se, por exemplo, que Kropotkin teria sido partidário do Estado mínimo,[1] o que é o cúmulo do absurdo para um anarquista!

É sempre tentador utilizar ideias exprimidas no passado para confortar aquelas que estão hoje em busca de suporte e apoiá-las em ideias que, contudo, não são bem novas. Ao contrário, deve-se confrontar aquelas de Reclus com as últimas contribuições do conhecimento.

RECLUS E O DETERMINISMO

Reclus colhe facilmente a unanimidade quanto à amplidão de sua obra – quantidade considerável de escritos, informações trazidas para a época, trabalho realizado em condições materiais com frequência delicadas. No que concerne à sua qualidade, e além de seu estilo literário igualmente reconhecido, revela-se um núcleo duro, e sem ter adquirido rugas. Reclus, de início, trouxe um certo número de ferramentas à geografia. Segundo Anuchin, foi ele quem criou o termo *"environnement"*[2] geográfico e, segundo Dunbar, este outro de geografia social. Mas Reclus não buscou realizar uma *découpage* de sua disciplina. Tratava-se

---

[1] E. Relph, *Rational Landscape and Humanistic Geography*, 1981.

[2] Environnement: Conjunto das condições naturais (físicas, químicas, biológicas) e culturais (sociológicas) nas quais os organismos vivos (em particular o homem) desenvolvem-se.

de introduzir claramente no campo da geograficidade como o ressalta com muita justeza Yves Lacoste, o conjunto das questões (econômicas, políticas, ecológicas etc.) que estavam até ali mais ou menos afastadas, e isso numa perspectiva de inter-relações sublinhando a problemática natureza/sociedade.

O que hoje nos parece evidente (como a influência das políticas estatistas quanto ao *aménagement* – organização – do território, por exemplo) ainda estava longe de sê-lo, à época; e também Reclus evocava sem meias palavras as colonizações, os imperialismos, as guerras.

Dono de uma deontologia científica exemplar, ele rejeita todos os preconceitos; Kropotkin lembra

seu profundo respeito pelas nacionalidades, origens ou tribos, civilizadas ou não. Não apenas sua obra é livre de toda vaidade nacional absurda ou de preconceito nacional ou racial, como também conseguiu mostrar o que os homens têm em comum, o que os une e não o que os divide.

A problemática natureza/sociedade permanece sempre tão discutida. Em quê o homem é influenciado ou modificado por seu *environnement* físico?

Qual é a parte dos comportamentos adquiridos (pela educação, pelo círculo de amizade etc.) e dos comportamentos inatos?

Em relação a essas questões os debates não estão prestes a parar, e, como ressaltou o sociólogo Georges Gurvitch em toda a sua obra, eles apontam, em última instância, o problema da liberdade. Em geografia, e para resumir, eles gravitam em torno do "determinismo". Este pôde desembocar em conclusões tão

INTRODUÇÃO

parciais quanto falsas quanto ao laço entre a repartição da população e a frequência das fontes de água ou entre o estado das civilizações e a natureza de seu clima (por exemplo, a afirmação bem conhecida de que "os negros são preguiçosos no trabalho porque faz demasiado calor em seus países").

Sobre o determinismo, Reclus tem uma posição muito firme: opõe-se, de início, àqueles que privilegiam um único fator na explicação de um fato.

É por um esforço de abstração pura que se busca apresentar essa característica particular, como se ela existisse distintamente, e que se busca isolá-la de todos os outros para estudar a sua influência [...]. O meio é sempre infinitamente complexo.[3]

Para Reclus, o homem é uma parte desse meio e de sua dimensão física, a natureza ("o homem é a natureza adquirindo consciência de si mesma"); como Kropotkin, ele o ressalta constantemente em seus escritos, e isso na linhagem do naturalismo ambiente da época.

Sim, o homem é suficientemente poderoso para dominar a natureza. Mas ele não pode esquecer suas leis, senão arcando com as consequências. Em sua conclusão de *O homem e a terra*, Reclus zomba assim da ideologia do super-homem, esses "aristocratas do pensamento" ou da riqueza.

Não é uma surpresa: os anarquistas, ecologistas antes da hora, reconhecem as leis naturais como as únicas contra as quais o homem nada pode, exceto a morte, e as situam aquém das leis que os homens

---

[3] *L'Homme et la Terre*, TA, p. 108.

podem dar-se livremente (Bakunin, o eterno revoltado, que Reclus encontra no seio da I Internacional, declara: nenhuma rebelião contra a natureza é possível).

Isso significa, contudo, que o homem, indivíduo e sociedade, permanece submisso aos elementos físicos? Não, pois, para Reclus, a variação desses elementos no espaço e no tempo (terminologia de "meio-espaço" e "meio-tempo") e a modificação constante de nossas percepções (Reclus evoca o "valor relativo de todas as coisas") impedem toda hierarquia metódica das causalidades.

E ele utiliza o termo "dinâmica" para definir o modo de inter-relações, noção que será retomada por seus sucessores como seu sobrinho Paul Reclus ou o anarquista japonês Ishikawa Sanshiro, e que lembra aquela de "cinética" empregada por Kropotkin.

Em toda a parte, o homem pode adaptar-se às condições naturais, portanto, modificá-las, se ele tem os meios para isso. Reclus demonstra-o com a ajuda de múltiplos exemplos e mapas, sem se contentar com diatribes contra o Estado ou a burguesia, e sem abrigar-se atrás de conceitos *ad hoc* como o fazem os marxistas com o "modo de produção" ou o "materialismo histórico". Busca estabelecer todas as conexões e demonstrar os processos para circunscrever a complexidade do real. O que embasa a posição de Reclus é, não devemos ignorá-lo, essa opção lúcida, inquebrantável, tenaz e tripla: a liberdade, esse sentimento que tudo é, tudo permanece, tudo deve ser possível.

Com razão, Dunbar lembra que Reclus declarava:

INTRODUÇÃO

"Sou geógrafo, mas antes de tudo sou anarquista" e comenta:

> Do mesmo modo que sua geografia era necessária para seu anarquismo, seu anarquismo enriqueceu sua geografia. Não podemos compreender Reclus se observarmos um sem a outra.

A orientação libertária de Reclus, longe de prestar-se às manipulações ideológico-científicas, é a garantia de uma independência, de um juízo crítico e de uma honestidade indispensável a toda pesquisa sincera. E ela vai muito mais longe do que o "possibilismo" clássico desenvolvido por certos geógrafos contra a corrente determinista, pois ela não ignora a existência de leis geográficas.

AS "TRÊS LEIS" DE RECLUS

A luta de classes, a busca do equilíbrio e a decisão soberana do indivíduo, tais são as três ordens de fatos que nos revela o estudo da geografia social, e que, no caos das coisas, mostram-se bastante constantes para que possamos dar-lhes o nome de leis, escreve Reclus em seu prefácio de *O homem e a terra*.

Essas leis são compreendidas como princípios gerais que não se confundem com simples mecanismos impiedosos; por sua prudência estilística, Reclus faz questão de ressaltá-lo. Essas três leis constituem uma imensa contribuição por parte de Reclus, e a geografia está longe de ter explorado todas as suas incidências. Tomadas uma a uma, elas traduzem os avanços nas ciências sociais da época e as próprias preocupações de Reclus.

Em relação a isso, convém retificar a interpretação de Yves Lacoste que atribui uma dimensão "marxiana" a Reclus por sua referência à "luta de classes". Não devemos esquecer que foi Proudhon quem inventou e teorizou o conceito de "luta de classes", e, se este foi retomado e aprofundado pelos marxistas, de resto sob aspectos às vezes muito confusos (basta vermos as diferenças que separam Lenin de Bernstein, ou Jaurès de Guesde em relação a isso), sobre suas implicações revolucionárias, Proudhon e Reclus, para só citar os dois entre os anarquistas, opuseram-se claramente a Marx e aos marxistas. Ou então, nessa leitura, tudo é "marxiano"!

A "busca do equilíbrio" consagra as descobertas em biologia (Darwin) e em sociologia (Le Play antes de Durkheim), sustentadas pelo mutualismo de Kropotkin. A "decisão soberana do indivíduo" tem uma tonalidade incontestável e magnificamente anarquista, mas não é menos científica. Ela é evidente em história (o destino e as individualidades que pesam sobre esta) malgrado as protestações marxistas (conferir Plekhanov taxando Reclus de individualista idealista) e malgrado a própria realidade marxista (o poder de Marx na I Internacional, o poder de Lenin, de Stalin, de Mao, de Pol Pot etc.); mas foi preciso aguardar as recentes descobertas para confirmar a validade coerente de ímpeto vital por uma evidenciação da importância do aleatório, do espontâneo e do temporal na natureza: teoria das bifurcações e das catástrofes (René Thom) e teoria das estruturas dissipativas do físico Ilya Prigogin que insiste na formação de ordem a partir da desordem ou da

INTRODUÇÃO

ruptura da ordem, por exemplo (o que, de novo, não deixa de evocar as intuições de Bakunin: "a volúpia de destruir é ao mesmo tempo uma volúpia criadora", ou ainda: "quanto mais a visualização do futuro é conforme ao necessário desenvolvimento do mundo social atual, mais os efeitos da ação destrutiva são salutares e úteis").

Essas três leis e sua "pulsão libertária" situam Reclus contra todos os determinismos sistemáticos e generalizados que atribuiriam ao fim de contas toda causa e a origem de toda coisa ou ser a um princípio superior único, concepção tipicamente religiosa, metafísica e autoritária (seja Deus ou o Capital)... ainda não demonstrada. Elas revelam essa tensão de sempre entre o homem e a natureza, isto é, a liberdade, a única opção que distingue completamente o homem do animal (e que culmina nessa escolha tornando impotentes todas as autoridades: o suicídio).

Essa tensão não é em nenhum caso resolvida por uma síntese artificial. Ela não pode e não deve fundir-se em um princípio único novo. É tudo o que separa os dialetistas hegelianos, marxistas ou não, com sua tese/antítese/síntese, dos libertários. Proudhon, ao desenvolver sua dialética serial, ressaltou perfeitamente a importância das contradições no movimento histórico (reação/revolução, autoridade/liberdade) e do "equilíbrio dinâmico entre forças eternamente opostas".

A dinâmica reclusiana de "progresso e retrocesso" situa-se nessa perspectiva. Pessoalmente, penso que a crença de Reclus no progresso não está isenta de otimismo teleológico, e esta é a principal crítica de fundo que farei a Reclus tanto quanto a Kropotkin, menos em Reclus, como podemos constatar em sua conclusão de *O homem e a terra*:

Aí está o lado muito doloroso de nossa semicivilização tão celebrada, semicivilização porquanto não beneficia a todos.

Deve-se precisar que o otimismo que caracteriza os dois geógrafos anarquistas nada tem a ver com a generosidade "ingênua" de Rousseau, contrariamente ao que afirma, infelizmente, B. Giblin em relação a Reclus (e a partir dele vários acadêmicos que se exprimem sobre o anarquismo: conferir Andrew Hacker em *Encyclopedia of the Social Sciences*, por exemplo). Para os anarquistas, o homem não nasce bom nem mau; nasce com potencialidades que o meio (social e físico) desenvolve em tal ou qual sentido.

Tratava-se, ao contrário, de uma confiança no homem e, em particular, em sua ação revolucionária, na aurora das revoluções russa e chinesa, confiança que mesmo o pessimista Bertrand Russel partilhou por um certo tempo (*The Road of Freedom*).

A redescoberta de Reclus não deve ser uma moda, a qual é por essência passageira.

Ela só pode ser inseparável de um movimento profundo, não apenas intelectual, mas político, cultural, econômico e social. O próprio Reclus ressalta-o quanto ao urbanismo, que hoje se tornou um dos pilares da reflexão geográfica e da ação sociopolítica: "Fossem os edis de uma cidade, sem exceção, homens de um gosto perfeito; ainda que cada restauração ou reconstrução de um edifício se fizesse de maneira irrepreensível, nem por isso todas as nossas cidades deixariam de oferecer o terrível e fatal contraste do luxo e da miséria, consequência necessária da desigualdade, da hostilidade que separam em dois o corpo social".

É o bê-á-bá do anarquismo antieleitoralista! E, como vimos, a referência comum e constante a um certo número de noções (dinâmica, antagonismos, individualidades etc.) fazem do anarquismo um corpo teórico unido (mas não fechado), apoiado cientificamente; mas não apenas isso.

A vida de Reclus, na qual seu pensamento foi inseparável de uma ação militante, prova-o.

E se alguns geógrafos fingem atribuir o esquecimento de Reclus pela escola geográfica francesa apenas por seu exílio, não deveríamos lembrar que esse exílio se deu exatamente por causa de suas opções políticas: comunalista expulso e propagandista anarquista?

ANARQUIA PELA EDUCAÇÃO

A ANARQUIA
1894

A ANARQUIA não é absolutamente uma nova teoria. O termo tomado em sua acepção "ausência de governo", "sociedade sem chefes", é de origem antiga e foi empregado bem antes de Proudhon.

Por sinal, o que importam as palavras? Houve "ácratas" antes dos anarquistas, e os ácratas ainda nem tinham imaginado seu nome de formação douta e inúmeras gerações haviam se sucedido. Em todos os tempos houve homens livres, contendores da lei, homens vivendo sem senhor em decorrência do direito primordial de sua existência e de seu pensamento. Mesmo nas primeiras eras encontramos em toda a parte tribos compostas de homens gerindo-se a seu bel-prazer, sem lei imposta, não tendo outra regra de conduta senão seu "querer e franco arbítrio", para falar como Rabelais, e, inclusive, levados por seu desejo de fundar a "fé profunda" como os "cavaleiros tão valorosos" e as "damas tão graciosas" que haviam se reunido na Abadia de Thélème.

Mas se a anarquia é tão antiga quanto a humanidade, ao menos aqueles que a representam trazem algo de novo ao mundo. Eles têm a consciência precisa do objetivo perseguido e, de uma a outra extremidade da Terra, unem-se em seu ideal para rejeitar toda forma de governo. O sonho de liberdade mundial cessou de ser uma pura utopia filosófica e literária, como o foi para os fundadores das cidades do Sol ou de novas Jerusalém; tornou-se o objetivo prático, ativamente buscado por multidões de homens unidos, que colaboram resolutamente para o nascimento de uma sociedade na qual não haveria mais senhores, conservadores oficiais da moral pública, carcereiros nem carrascos, ricos nem pobres, mas irmãos tendo todos sua parte cotidiana de pão, iguais em direito, e mantendo-se em paz e em cordial união, não pela obediência às leis, sempre acompanhadas por ameaças temíveis, mas pelo respeito mútuo dos interesses e pela observação científica das leis naturais.

Sem dúvida, esse ideal parece quimérico a muitos de vós, mas também estou certo de que ele parece desejável à maioria, e que ao longe apercebeis a imagem etérea de uma sociedade pacífica na qual os homens, doravante reconciliados, deixarão enferrujar suas espadas, refundirão seus canhões e desarmarão seus navios. Por sinal, não sois daqueles que, desde há muito, há milhares de anos, dizeis, trabalham para construir o templo da igualdade? Sois "pedreiros", a fim de construir um edifício de proporções perfeitas, no qual só adentram homens livres, iguais e irmãos, trabalhando incessantemente para seu aperfeiçoamento e renascendo pela força do amor a uma nova vida de justiça e bondade. É bem isso, não é mesmo? E não estais sozinhos. Não pretendeis em absoluto o monopólio de um espírito de progresso e renovação. Não cometeis nem mesmo a injustiça de esquecer de vossos adversários especiais, aqueles que vos amaldiçoam e excomungam, os católicos ardentes que condenam ao inferno os inimigos da Santa Igreja, mas que não deixam de profetizar a vinda de uma era de paz definitiva. Francisco de Assis, Catarina de Siena, Teresa d'Ávila e tantos outros entre os fiéis de uma fé que não é a vossa, amaram decerto a humanidade com o amor mais sincero, e devemos contá-los entre aqueles que viviam por um ideal de felicidade universal. E agora, milhões e milhões de socialistas, de todas as escolas, também lutam por um futuro em que o poder do capital será destruído e os homens poderão enfim se dizer "iguais" sem ironia.

O objetivo dos anarquistas é-lhes, portanto, comum a muitos homens generosos, pertencentes às religiões, às seitas, aos partidos mais diversos, mas eles distinguem-se claramente pelos meios, assim como seu nome o indica da maneira menos dubitável. A conquista do poder foi quase sempre a grande preocupação dos revolucionários, até mesmo dos mais bem-intencionados. A educação recebida não lhes permitiria conceber uma sociedade livre funcionando sem governo regular, e, tão logo haviam derrubado senhores odiados, apressavam-se em substituí-los por outros senhores, destinados, segundo a fórmula consagrada, a "fazer a felicidade de seu povo". Normalmente, não se permitiam nem mesmo preparar-se a uma mudança de príncipe ou de dinastia sem ter feito homenagem ou prestado obediência a algum soberano futuro: "O rei morreu! Viva o rei!", exclamavam os súditos sempre fiéis, mesmo em sua revolta. Durante séculos e séculos tal foi infalivelmente o curso da história. "Como se poderia viver sem senhores?", indagavam-se os escravos, as esposas, as crianças, os trabalhadores das cidades e do campo, e, deliberadamente, colocavam a cabeça sob o jugo, como faz o boi que puxa a charrua. Recordemos os insurretos de 1830 reivindicando "a melhor das repúblicas" na pessoa de um novo rei, e os republicanos de 1848 voltando discretamente para seus casebres após terem dedicado "três meses de miséria a serviço do governo provisório". Na mesma época eclodia uma revolução na Alemanha, e um parlamento popular reunia-se em Frankfurt: "a antiga autoridade é um cadáver" clamava um dos representantes. "Sim, replicava o presidente, mas iremos ressuscitá-lo. Apelaremos para novos homens que saberão reconquistar pelo poder a potência da nação." Não é o caso, aqui, de repetir o verso de Victor Hugo? "Um velho instinto humano conduz à torpeza."

Contra esse instinto, a anarquia representa verdadeiramente um novo espírito. Não se pode absolutamente acusar os libertários de quererem livrar-se de um governo para substituí-lo por outro: "Retira-te daí para que eu ocupe o lugar!" é uma expressão que eles teriam horror de pronunciar, e, de antemão, consagram ao opróbrio e ao desprezo, ou ao menos à piedade, aquele dentre eles que, picado pela tarântula do poder, deixar-se-ia disputar algum lugar sob pretexto de fazer, ele também, a "felicidade de seus concidadãos". Os anarquistas proclamam, apoiando-se na observação, que o Estado e tudo que a ele se liga não é uma pura entidade ou então alguma fórmula filosófica, mas um conjunto de indivíduos colocados em um meio especial e sofrendo sua influência. Estes, elevados em honraria, em poder, em tratamento acima de seus concidadãos, são por isso mesmo forçados, por assim dizer, a se crerem superiores às pessoas comuns, e, no entanto, as tentações de toda sorte que os assaltam os fazem desmoronar quase fatalmente abaixo do nível geral.

É isso que repetimos incessantemente aos nossos irmãos – às vezes, irmãos inimigos –, os socialistas de Estado: "Cuidado com vossos chefes e mandatários! Assim como vós, certamente eles estão animados das mais puras intenções; desejam ardentemente a supressão da propriedade privada e do Estado tirânico; mas as relações, as novas condições os modificam pouco a pouco; sua moral muda com seus interesses, e, crendo-se sempre fiéis à causa de seus mandantes, tornam-se forçosamente infiéis. Eles também, detentores do poder, deverão servir-se dos instrumentos do poder: exército, moralistas, magistrados, policiais e alcaguetes. Há mais de 3 mil anos, o poeta hindu do *Maha Bharata* formulou sobre isso a experiência dos séculos: "O homem que se desloca em um carro jamais será amigo do homem que anda a pé!".

Assim, os anarquistas têm, em relação a isso, os princípios mais firmes: segundo eles, a conquista do poder só pode servir para prolongar sua duração com aquela da escravidão correspondente. Não é sem razão que o nome "anarquistas" que, no fundo, só tem uma significação negativa, permanece aquele pelo qual somos universalmente designados. Poder-se-ia nos chamar de "libertários", assim como muitos de nós qualificam-se de bom grado, ou então "harmonistas", por causa do livre acordo dos quereres que, de acordo conosco, constituirá a sociedade futura; mas essas denominações não nos diferenciam bastante dos socialistas. É a luta contra todo poder oficial que nos distingue essencialmente; cada individualidade parece-nos ser o centro do universo, e cada uma tem os mesmos direitos a seu desenvolvimento integral, sem intervenção de um poder que a dirige, repreende ou castiga.

Conheceis nosso ideal. Agora a primeira questão que se coloca é a seguinte: "Esse ideal é de fato nobre e merece o sacrifício dos homens devotados, os riscos terríveis que todas as revoluções provocam em sua esteira? A moral anarquista é pura, e na sociedade libertária, se ela se constitui, o homem será melhor do que em uma sociedade repousando no temor do poder e das leis? Respondo com toda segurança e espero que logo respondereis comigo: "Sim, a moral anarquista é aquela que melhor corresponde à concepção moderna da justiça e da bondade."

O fundamento da antiga moral, como sabeis, não era outro senão o pavor, o "tremor", como diz a Bíblia e como muitos preceitos ensinaram-vos em vossa juventude. "O temor a Deus é o começo da sabedoria", tal foi outrora o ponto de partida de toda educação: a sociedade em seu conjunto repousava no terror. Os homens não eram cidadãos, mas súditos ou fiéis; as esposas eram criadas; os filhos, escravos, sobre os quais os pais tinham um resto do antigo direito de vida e de morte. Em toda a parte, em todas as relações sociais mostravam-se as relações de superioridade e subordinação; enfim, ainda em nossos dias, o próprio princípio do Estado, e de todos os Estados parciais que o constituem, é a hierarquia, ou a arquia "santa", a autoridade "sagrada" – é o verdadeiro sentido do termo. E essa dominação sacrossanta comporta toda uma sucessão de classes superpostas, das quais as mais elevadas têm todas o direito de comandar, e as inferiores todas o dever de obedecer. A moral oficial consiste em inclinar-se diante do superior, manter-se orgulhosamente ereto ante o subordinado. Cada homem deve ter dois rostos, como Janus, dois sorrisos, um adulador, devotado, às vezes servil; o outro, soberbo e de nobre condescendência. O princípio de autoridade – é assim que se denomina essa coisa – exige que o superior nunca aparente estar errado, e que, em todo diálogo, ele tenha a última palavra. Mas, sobretudo, é preciso que suas ordens sejam observadas. Isso simplifica tudo: são desnecessários raciocínios, explicações, hesitações, debates, escrúpulos. As coisas caminham então sozinhas, bem ou mal. E, quando um senhor não está lá para comandar, não se tem fórmulas acabadas, ordens, decretos ou leis, editadas também por senhores absolutos ou legisladores em vários graus? Essas fórmulas substituem as ordens imediatas e são observadas sem ter de se procurar saber se elas estão conformes à voz interior da consciência.

Entre iguais, a obra é mais difícil, mas é mais elevada: é preciso buscar asperamente a verdade, encontrar o dever pessoal, aprender a conhecer-se, fazer continuamente sua própria educação, conduzir-se respeitando os direitos e os interesses dos camaradas. Só então tornamo-nos seres realmente morais, nascemos para o sentimento de nossa responsabilidade. A moral não é uma ordem à qual nos submetemos, uma palavra que repetimos, uma coisa puramente exterior ao indivíduo; ela se torna uma parte do ser, um produto da vida. É assim que compreendemos a moral, nós, anarquistas. Não temos o direito de compará-la com satisfação àquela que os ancestrais nos legaram?

Talvez me dareis razão. Todavia, ainda aqui, vários dentre vós pronunciarão a palavra "quimera". Já feliz que vejais aí ao menos uma nobre quimera, vou mais longe e afirmo que nosso ideal, nossa concepção da moral está completamente na lógica da história, conduzida naturalmente pela evolução da humanidade.

Outrora perseguidos pelo terror do desconhecido tanto quanto pelo sentimento de sua impotência na busca das causas, os homens haviam criado pela intensidade de seu desejo uma ou várias divindades auxiliadoras que representavam simultaneamente seu ideal informe e o ponto de apoio de todo esse mundo misterioso visível e invisível das coisas circundantes. Esses fantasmas da imaginação, revestidos da onipotência, também se tornaram aos olhos dos homens o princípio de toda justiça e de toda autoridade: senhores do céu, eles tiveram naturalmente seus intérpretes na terra: magos, conselheiros, chefes de guerra – diante dos quais se aprendeu a prosternar-se como diante dos representantes de cima. Era lógico, mas o homem dura mais tempo que suas obras, e esses deuses que ele criou não cessaram de mudar como sombras projetadas sobre o infinito. De início visíveis, animados de paixões humanas, violentos e temíveis, recuaram pouco a pouco a um imenso horizonte; acabaram por se tornar abstrações, ideias sublimes, às quais não se dava mais nem ao menos um nome; depois chegaram a confundir-se com as leis naturais do mundo; entraram nesse universo que pretensamente haviam feito brotar do nada, e agora o homem encontra-se só sobre a terra, acima da qual ele havia construído a imagem colossal de Deus.

Toda a concepção das coisas muda, pois, ao mesmo tempo. Se Deus esvanece-se, aqueles que extraíam de suas qualificações a obediência veem também apagar seu brilho emprestado: eles também devem renunciar gradualmente à sua posição, acomodar-se o melhor possível ao estado das coisas. Já não se encontraria hoje um Tamerlão que ordenasse às suas 40 cortesãs que se lançassem do alto de uma torre, certo de que, em um piscar de olhos, veria das muralhas os 40 cadáveres ensanguentados e quebrados. A liberdade de pensar fez de todos os homens anarquistas sem sabê-lo. Quem não se reserva agora um cantinho de cérebro para refletir? Ora, é precisamente esse o crime dos crimes, o pecado por excelência, simbolizado pelo fruto da árvore que revelou aos homens o conhecimento do bem e do mal. Daí o ódio à ciência sempre professado pela Igreja. Daí esse furor que Napoleão, um Tamerlão moderno, sempre teve contra os "ideólogos".

Mas vieram os ideólogos. Sopraram sobre as ilusões de outrora como sobre um vapor, recomeçando de novo todo o trabalho científico pela observação e pela experiência. Um deles, inclusive, niilista antes de nossa era, anarquista, por assim dizer, ao menos em palavras, começou fazendo "tabula rasa" de tudo o que havia aprendido. Agora não há erudito, literato, que não professe ser ele mesmo seu próprio mestre e modelo, o pensador original de seu pensamento, o moralista de sua moral. "Se queres surgir, surge de ti mesmo!", dizia Goethe. E os artistas não buscam tornar a natureza tal como a veem, tal como a sentem e a compreendem? Isso é – normalmente, é verdade – o que se poderia chamar de uma "anarquia aristocrática", não reivindicando a liberdade senão para o povo escolhido dos Musantes, senão para os escaladores do Parnaso. Cada um deles quer pensar livremente, buscar a seu bel-prazer seu ideal no infinito, mas ao mesmo tempo dizendo que é preciso "uma religião para o povo!". Quer viver como homem independente, mas "a obediência é feita para as mulheres"; quer criar obras originais, mas "a multidão de baixo" deve permanecer submissa como uma máquina ao ignóbil funcionamento da divisão do trabalho! Todavia, esses aristocratas do gosto e do pensamento não têm mais a força para fechar a grande eclusa pela qual escoa a torrente. Se a ciência, a literatura e a arte tornaram-se anarquistas, se todo progresso, toda nova forma da beleza devem ao desenvolvimento do pensamento livre, esse pensamento trabalha também nas profundezas da sociedade e agora já não é mais possível contê-lo. É demasiado tarde para deter esse dilúvio.

A diminuição do respeito não é o fenômeno por excelência da sociedade contemporânea? Outrora, na Inglaterra, vi multidões acorrerem aos milhares para contemplar a fútil equipagem de um grande senhor. Não o verei mais agora. Na Índia, os párias detinham-se devotamente aos 115 passos regulamentares que os separavam do orgulhoso brâmane: a partir do momento que se amontoam nas estações ferroviárias, já não há mais entre eles senão a parede de separação de uma sala de espera. Não faltam os exemplos de indignidade, de reptação vil no mundo; contudo, há progresso no sentido da igualdade. Antes de testemunhar seu respeito, questiona-se, algumas vezes, se o homem ou a instituição são verdadeiramente respeitáveis. Estuda-se o valor dos indivíduos, a importância das obras. A fé na grandeza desapareceu; ora, lá onde a fé não existe mais, as instituições desaparecem, por sua vez. A supressão do Estado está naturalmente implicada na extinção do respeito.

A obra de crítica frondista à qual está submetido o Estado exerce-se igualmente contra todas as instituições sociais. O povo não crê mais na origem santa da propriedade privada, produzida, diziam-nos os economistas – já não ousam repeti-lo agora –, pelo trabalho pessoal dos proprietários; ele não ignora absolutamente que o labor individual jamais cria milhões acrescidos a milhões, e que esse enriquecimento monstruoso é sempre a consequência de um falso estado social, atribuindo a um o produto do trabalho de milhões de outros; ele sempre respeitará o pão que o trabalhador ganhou duramente, a cabana que ele construiu com suas mãos, o jardim que plantou, mas ele decerto perderá o respeito pelos milhares de propriedades fictícias que representam os papéis de todas as espécies contidos nos bancos. Virá o dia, não duvido em absoluto, em que ele recuperará tranquilamente a posse de todos os produtos do labor comum, minas e domínios, fábricas e castelos, ferrovias, navios e cargas. Quando a multidão, essa multidão "vil" por sua ignorância e pela covardia que é sua consequência fatal, tiver cessado de merecer o qualificativo com o qual se a insulta, quando ela souber, com toda certeza, que o açambarcamento desse imenso haver repousa unicamente numa ficção quirográfica, na fé em papeladas azuis, o estado social atual estará ameaçado! Na presença dessas evoluções profundas, irresistíveis, que se fazem em todos os cérebros humanos, quão simplórios, quão desprovidos de senso parecerão aos nossos descendentes esses clamores furibundos que lançam contra os inovadores! O que importam os termos ignóbeis descarregados por uma imprensa obrigada a retribuir seus subsídios em boa prosa, o que importam, inclusive, os insultos honestamente proferidos contra nós, por essas devotas "santas, mas simples" que levavam lenha à fogueira de Johann Huss! O movimento que nos arrebata não é o fato de simples energúmenos, ou de pobres sonhadores, é aquele da sociedade em seu conjunto. Ele é necessidade pela marcha do pensamento, agora tornada fatal, inelutável, como o ribombo da Terra e dos Céus.

Entretanto, poderia subsistir uma dúvida nos espíritos se a anarquia nunca tivesse sido senão um ideal, um exercício intelectual, um elemento de dialética, se nunca houvesse tido realização concreta, se jamais um organismo espontâneo houvesse surgido, colocando em ação as forças livres de camaradas trabalhando em comum, sem senhor para comandá-los. Mas essa dúvida pode ser facilmente afastada. Sim, organismos libertários existiram em todos os tempos;

sim, formam-se incessantemente novos, e a cada ano mais numerosos, seguindo os progressos da iniciativa individual. Eu poderia citar em primeiro lugar diversas tribos ditas selvagens, que, inclusive atualmente, vivem em perfeita harmonia social sem necessitar de chefes, leis, cercas, força pública; mas não insisto nesses exemplos que têm, contudo, sua importância: eu temeria que me objetassem a pouca complexidade dessas sociedades primitivas, comparadas ao nosso mundo moderno, organismos com uma complicação infinita. Deixemos de lado, pois, essas tribos primitivas, para ocuparmo-nos apenas das nações já constituídas, possuindo todo um aparelho político e social.

Sem dúvida, eu não poderia mostrar-vos nenhuma delas no transcurso da história que se tenha constituído num sentido puramente anárquico, pois todas encontravam-se, então, em seu período de luta entre elementos diversos ainda não associados; é que cada uma dessas sociedades parciais, embora não fundidas num conjunto harmônico, foi tanto mais próspera, tanto mais criativa quanto mais livre era, quanto mais o valor pessoal do indivíduo era nela mais bem reconhecido. Desde as eras pré-históricas, nas quais nossas sociedades nasceram para as artes, as ciências, a indústria, sem que anais escritos tenham podido nos trazer o registro, todos os grandes períodos da vida das nações foram aqueles em que os homens, agitados pelas revoluções, sofreram o mínimo possível com a longa e pesada coação de um governo regular. Os dois grandes períodos da humanidade, pelo movimento das descobertas, pela eflorescência do pensamento, pela beleza da arte, foram épocas conturbadas, épocas de "perigosa liberdade". A ordem reinava no imenso império dos medos e dos persas, mas nada de grande saiu deles, enquanto a Grécia republicana, incessantemente agitada, estremecida por contínuos tremores, fez nascer os iniciadores de tudo o que conhecemos de elevado e nobre na civilização moderna: é-nos impossível pensar, elaborar uma obra qualquer sem que nosso espírito deixe de se reportar a esses helenos livres que foram nossos predecessores e que ainda são nossos modelos. Após tiranias, 2 mil anos depois, tempos sombrios que pareciam nunca terminar, a Itália, Flandres e toda a Europa dos *communiers*[1] tentou de novo retomar fôlego; inumeráveis revoluções sacudiram o mundo. Ferrari não contou menos de 7 mil convulsões locais, para só falar da Itália; mas também o fogo do pensamento livre pôs-se a arder e a humanidade a reflorescer: com os Rafael, os Vinci, os Michelangelo, ela sentiu-se jovem pela segunda vez.

Depois, veio o grande século da enciclopédia com as revoluções mundiais que se seguiram e a proclamação dos Direitos do Homem. Ora, tentai, se podeis fazê-lo, enumerar todos os grandes progressos que se realizaram desde essa grande convulsão da humanidade. Perguntamo-nos se durante esse último século não se concentrou mais da metade da história. O número de pessoas aumentou em mais de meio bilhão; o comércio mais que decuplicou; a indústria transfigurou-se, e a arte de modificar os produtos natu-

---

[1] Burgueses de uma comuna [N. do T.].

rais enriqueceu-se maravilhosamente; novas ciências surgiram, e, o que quer que digam, um terceiro período da arte começou; o socialismo consciente e mundial nasceu em sua amplitude. Ao menos, sentimo-nos viver no século dos grandes problemas e das grandes lutas. Substituí pelo pensamento os cem anos emanados da filosofia do século XVIII, substituí-os por um período sem história no qual 400 milhões de pacíficos chineses tivessem vivido sob a tutela de um "pai do povo", de um tribunal dos ritos e de mandarins munidos de seus diplomas. Longe de viver com ímpeto como o fizemos, teríamos nos aproximado gradualmente da inércia e da morte. Se Galileu, ainda mantido nas prisões da Inquisição, só pôde murmurar surdamente: "Contudo, ela se move!", podemos agora, graças às revoluções, graças às violências do pensamento livre, podemos gritar sobre os telhados ou nas praças públicas: "O Mundo move-se e continuará a mover-se!".

Fora desse grande movimento que transforma gradualmente a sociedade inteira no sentido do pensamento livre, da moral livre, da ação livre, quer dizer, da anarquia em sua essência, existe, assim, um trabalho de experiências diretas que se manifesta pela fundação de colônias libertárias e comunistas: são tantas pequenas tentativas que podemos comparar com as experiências de laboratório que fazem os químicos e os engenheiros. Essas tentativas de comunas modelos têm todas o defeito capital de se fazerem fora das condições comuns da vida, isto é, longe das cidades onde se misturam os homens, onde surgem as ideias, onde se renovam as inteligências. E, contudo, podemos citar inúmeras dessas iniciativas que alcançaram plenamente êxito, entre outras aquela da "Jovem Icária", transformação da colônia de Cabet, fundada há quase meio século sobre os princípios de um comunismo autoritário: de migração em migração, o grupo dos *communiers* tornado puramente anarquista, vive agora uma existência modesta na zona rural de Iowa, próximo ao rio Desmoines.

Mas lá onde a prática anarquista triunfa, é no transcurso normal da vida, entre as pessoas do povo, que certamente não poderiam sustentar a terrível luta da existência se não se ajudassem mútua e espontaneamente, ignorando as diferenças e as rivalidades dos interesses. Quando um deles adoece, outros pobres recebem seus filhos em casa, alimentam-nos, partilham a magra ração da semana, procuram fazer seu trabalho, dobrando as horas. Entre os vizinhos uma espécie de comunismo estabelece-se pelo empréstimo, pelo vaivém constante de todos os utensílios do lar e das provisões. A miséria une os infelizes em uma liga fraterna: juntos eles têm fome, juntos a saciam. A moral e a prática anarquistas são a regra mesmo nas reuniões burguesas de onde, à primeira vista, perecem-nos completamente ausentes. Imagine-se uma festa campestre em que alguém, anfitrião ou convidado, dê-se ares senhoriais, permitindo-se comandar ou fazer prevalecer indiscretamente seu capricho! Não seria a morte de toda alegria, de todo prazer? Só há alegria entre iguais e livres, entre pessoas que podem divertir-se como bem lhes convém, por grupos distintos, se isso lhes apraz, mas próximos uns aos outros e entremesclando-se a seu bel-prazer, porque as horas passadas assim parecem-lhes mais doces.

Permito-me narrar-vos aqui uma recordação pessoal. Vogávamos num desses navios modernos que fendem as ondas extraordinariamente com a velocidade de 15 a 20 nós por hora, e que traçam uma linha reta de continente a continente malgrado vento e maré. O ar estava calmo, a noite suave e as estrelas iluminavam-se uma a uma no céu escuro. Conversávamos no tombadilho; e de que podíamos conversar senão dessa eterna questão social, que nos oprime, que nos arrebata como a esfinge de Édipo. O reacionário do grupo era espremido por seus interlocutores, todos mais ou menos socialistas. Voltou-se repentinamente para o capitão, o chefe, o senhor, esperando nele encontrar um defensor nato dos bons princípios: "Vós comandais aqui! Vosso poder não é sagrado? O que aconteceria com o navio se ele não fosse dirigido por vossa vontade constante?" – "Sois um homem ingênuo", respondeu o capitão. "Entre nós, posso dizer-vos que de hábito não sirvo absolutamente a nada. O homem no timão mantém o navio em sua linha reta, em alguns minutos um outro piloto o substituirá, depois, outros mais, e seguiremos regularmente, sem minha intervenção, a rota costumeira. Embaixo, os foguistas e os maquinistas trabalham sem minha ajuda, sem minha opinião, e melhor do que se eu me intrometesse dando-lhes conselhos. E todos esses gajeiros, esses marujos também sabem qual trabalho devem fazer, e, eventualmente, só tenho de conciliar minha pequena parte de trabalho com a deles, mais penosa e mais mal remunerada que a minha. Sem dúvida, minha função em tese é guiar o navio. Mas não pensai que esta é uma simples ficção? Os mapas estão lá e não fui eu quem os elaborou. A bússola nos dirige e não fui eu quem a inventou. Escavaram para nós o canal do porto de onde saímos e aquele do porto no qual entraremos. E o navio extraordinário, apenas gemendo em seu cavername sob a pressão das ondas, balançando com majestade na ondulação, singrando poderosamente sob a bruma, não fui eu quem construiu. O que sou diante dos grandes mortos, dos inventores e dos estudiosos, nossos predecessores, que nos ensinaram a atravessar os mares? Somos todos seus parceiros, nós, meus camaradas marujos e também vós passageiros, pois é por vós que cavalgamos as ondas, e, em caso de perigo, contamos convosco para nos ajudar fraternalmente. Nossa obra é comum, e somos solidários uns aos outros!"

Todos calaram-se, e guardei preciosamente no tesouro de minha memória as palavras desse capitão como não se vê por aí.

Assim, esse navio, esse mundo flutuante onde, por sinal, as punições são desconhecidas, porta uma república modelo pelo oceano, malgrado as inúteis complicações hierárquicas. E esse não é um exemplo isolado. Cada um de vós conhece, ao menos por ouvir dizer, escolas em que o professor, a despeito das severidades do regulamento, sempre inaplicadas, tem todos os alunos como amigos e colaboradores felizes. Tudo é previsto pela autoridade competente para adestrar os pequenos celerados, mas o grande amigo deles não necessita de todo esse leque de repressão; ele trata as crianças como homens apelando constantemente à sua boa vontade, à sua compreensão das coisas, a seu senso de justiça e todos respondem com alegria. Uma minúscula sociedade anárquica, verdadeiramente humana, encontra-se, assim, constituída, embora tudo pareça combinado no mundo ambiente para impedir sua eclosão: leis, regulamentos, maus exemplos, imoralidade pública.

A ANARQUIA

Grupos anarquistas surgem incessantemente, malgrado os velhos preconceitos e o peso morto da moral antiga. Nosso mundo novo desponta ao nosso redor, como germinaria uma nova flora sob os detritos das eras. Não apenas ele não é quimérico, como o repetem incessantemente, como também já se mostra sob mil formas; cego é o homem que não sabe observá-lo. Em contrapartida, se há uma sociedade quimérica, impossível, é exatamente o pandemônio no qual vivemos. Reconhecereis que não abusei da crítica, contudo fácil em relação ao mundo atual, tal como o constituíram o pretenso princípio de autoridade e a luta feroz pela existência. Mas, enfim, se é verdade que, segundo a própria definição, uma sociedade é um agrupamento de indivíduos que se reúnem e se organizam para o bem-estar comum, não se pode dizer sem ambiguidade que a massa caótica ambiente constitui uma sociedade. Segundo seus advogados – pois toda causa maléfica tem os seus –, ela teria por objetivo a ordem perfeita pela satisfação dos interesses de todos. Ora, não é risível ver uma sociedade ordenada nesse mundo da civilização europeia, com a sequência contínua de seus dramas intestinos, assassínios e suicídios, violências e fuzilarias, esgotamentos e fomes, roubos, dolos e ludíbrios de toda sorte, falências, abatimentos e ruínas? Quem de nós, ao sair daqui, não verá erguer-se a seu lado os espectros do vício e da fome? Em nossa Europa, há 5 milhões de homens aguardando só um sinal para matar outros homens, para incendiar as casas e as colheitas; outros 10 milhões de homens em reserva fora das casernas são mantidos no pensamento de ter de perpetrar a mesma obra de destruição; 5 milhões de infelizes vivem, ou ao menos vegetam, nas prisões, condenados a penas diversas; 10 milhões morrem por ano de mortes antecipadas; e sobre 370 milhões de homens, 350, para não dizer todos, fremem na inquietude justificada do amanhã: apesar da imensidão das riquezas sociais, quem de nós pode afirmar que uma brusca reviravolta do destino não lhe retirará seu haver? Esses são fatos que ninguém pode contestar, e que deveriam, segundo me parece, inspirar a todos nós a firme resolução de mudar esse estado de coisas, pesado de revoluções incessantes.

Tive um dia a oportunidade de conversar com um alto funcionário, levado pela rotina da vida no mundo daqueles que editam leis e penas: "Mas defendei, portanto, vossa sociedade!" – disse-lhe. – "Como quereis que eu a defenda" – respondeu –, "ela não é defensável!" Ela, contudo, defende-se, mas por argumentos que não são arrazoados, pela punição, pela prisão e pelo cadafalso.

Por outro lado, aqueles que a atacam podem fazê-lo com toda a serenidade de sua consciência. Sem dúvida o movimento de transformação acarretará violências e revoluções, mas hoje o mundo ambiente já não é violência contínua e revolução permanente? E nas alternativas da guerra social, quais serão os homens responsáveis? Aqueles que proclamam uma era de justiça e igualdade para todos, sem distinção de classes nem de indivíduos, ou aqueles que querem manter as separações e, por consequência, os ódios de castas, aqueles que acrescentam leis repressivas a leis repressivas, e que não sabem resolver as questões senão pela infantaria, pela cavalaria, pela artilharia! A história permite-nos afirmar com toda certeza que a política de ódio engendra sempre o ódio, agravando fatalmente a situação geral, ou, inclusive, provocando uma ruína definitiva. Quantas nações pereceram assim, opressores tanto quanto oprimidos! Pereceremos por nossa vez?

Espero que não, graças ao pensamento anarquista que se difunde cada vez mais, renovando a iniciativa humana. Vós próprios não sois, se não anarquistas, ao menos fortemente nuançados de anarquismo? Quem de vós, em sua alma e consciência, dir-se-á superior a vosso vizinho, e não reconhecerá nele seu irmão e seu igual? A moral que foi tantas vezes proclamada aqui em palavras mais ou menos simbólicas tornar-se-á decerto uma realidade. Pois nós, anarquistas, sabemos que essa moral de justiça perfeita, de liberdade e igualdade, é a verdadeira, e a vivemos de todo coração, enquanto nossos adversários são hesitantes. Eles não estão seguros de ter razão; no fundo, estão mesmo convictos de esterem errados, e, de antemão, entregam-nos o mundo.

POR QUE SOMOS ANARQUISTAS?
1886

As poucas linhas que se seguem não constituem um programa. Elas só têm um único objetivo: justificar a utilidade que haveria para elaborar um projeto de programa que seria submetido ao estudo, às observações, às críticas de todos os revolucionários comunistas.

Talvez, contudo, elas encerrem uma ou duas considerações que poderiam encontrar seu lugar no projeto que eu reivindico.

Somos revolucionários porque queremos a justiça e porque em toda parte vemos a injustiça reinar à nossa volta. É no sentido inverso do trabalho que são distribuídos os produtos do trabalho. O mandrião tem todos os direitos, inclusive o de esfomear seu semelhante, enquanto o trabalhador nem sempre tem o direito de morrer de fome em silêncio: colocam-no na prisão quando é culpado de greve. Pessoas que se denominam padres tentam fazer crer no milagre para que as inteligências sejam-lhes subjugadas; pessoas denominadas reis dizem-se emanadas de um senhor universal para ser senhor, por sua vez; pessoas armadas por eles cortam, retalham e fuzilam à vontade; pessoas em toga que se dizem a justiça por excelência condenam o pobre, absolvem o rico, vendem amiúde as condenações e as absolvições; comerciantes distribuem veneno em vez de alimento, matam a varejo em vez de matar no atacado e tornam-se, assim, capitalistas honrados. A carteira abarrotada, eis o senhor, e aquele que a possui tem em seu poder o destino dos outros homens. Tudo isso nos parece infame e queremos mudá-lo. Contra a injustiça apelamos à revolução.

Todavia, "a justiça é apenas uma palavra, pura convenção", dizem-nos.

"O que existe, é o direito da força!" Pois bem, se é assim, somos revolucionários. Das duas coisas, uma: ou a justiça é o ideal humano e, neste caso, nós a reivindicamos para todos; ou só a força governa as sociedades e, neste caso, usaremos a força contra nossos inimigos. Ou a liberdade dos iguais ou a lei do talião.

Mas por que se apressar? Perguntam-nos todos aqueles que, para eximir-se de agir, esperam tudo do tempo. A lenta evolução das coisas basta-lhes, a revolução faz-lhes medo. Entre eles e nós a história julgou. Nunca qualquer progresso, seja parcial, seja geral, realizou-se por simples evolução pacífica. Ele sempre se deu pela revolução repentina. Se o trabalho de preparação opera-se com lentidão nos espíritos, a realização das ideias ocorre bruscamente: a evolução faz-se no cérebro e são os braços que fazem a revolução.

E como proceder a essa revolução que vemos preparar-se lentamente na sociedade e da qual ajudamos o advento por todos os nossos esforços?

Seria agrupando-nos por corpos subordinados uns aos outros? Seria constituindo-nos, como o mundo burguês que combatemos, num conjunto hierárquico, tendo seus senhores responsáveis e seus inferiores irresponsáveis, mantidos como instrumentos na mão de um chefe? Começaremos por abdicar para nos tornar livres? Não, pois somos anarquistas, isto é, homens que querem conservar a plena responsabilidade de seu atos, que agem em virtude de seus direitos e de seus deveres pessoais, que dão a um ser seu desenvolvimento natural, que não têm quem quer que seja por senhor e não são os senhores de ninguém.

Queremos nos livrar da opressão do Estado, não ter mais acima de nós superiores que possam comandar-nos, pôr sua vontade no lugar da nossa.

Queremos rasgar toda lei exterior, atendo-nos ao desenvolvimento consciente das leis interiores de toda a nossa natureza. Suprimindo o Estado, suprimimos também toda moral oficial, sabendo de antemão que não pode haver moralidade na obediência a leis incompreendidas, na obediência de prática da qual nem mesmo se busca perceber. Só há moral na liberdade. É só pela liberdade também que a renovação permanece possível. Queremos manter nosso espírito aberto, prestando-se de antemão a todo progresso, a toda nova ideia, a toda iniciativa generosa.

Entretanto, se somos anarquistas, os inimigos de todo senhor, também somos comunistas internacionais, pois compreendemos que a vida é impossível sem agrupamento social.

Isolados nada podemos, enquanto que, pela união íntima, podemos transformar o mundo.

Nós nos associamos uns aos outros como homens

POR QUE SOMOS ANARQUISTAS?

livres e iguais, trabalhando numa obra comum e regulando nossas relações mútuas pela justiça e pela benevolência recíproca. Os ódios religiosos e nacionais não podem separar-nos, visto que o estudo da natureza é nossa única religião e que temos o mundo por pátria. Quanto à grande causa das ferocidades e das vilanias, ela cessará de existir entre nós.

A terra tornar-se-á propriedade coletiva, as barreiras serão retiradas e, doravante, o solo pertencendo a todos, poderá ser ordenado para a satisfação e o bem-estar de todos. Os produtos demandados serão precisamente aqueles que a terra puder fornecer de melhor, e a produção responderá exatamente às necessidades, sem que jamais algo se perca como no trabalho desordenado que se faz hoje. Assim, também, a distribuição de todas essas riquezas entre os homens será retirada do explorador privado e será feita pelo funcionamento normal de toda a sociedade.

Não temos por que traçar de antemão o quadro da sociedade futura: cabe à ação espontânea de todos os homens livres criá-lo e dar-lhe sua forma, por sinal, incessantemente mutável como todos os fenômenos da vida.

Todavia, o que sabemos é que toda injustiça, todo crime de lesa-majestade humana, encontrar-nos-ão de pé para combatê-los.

Enquanto durar a iniquidade, nós, anarquistas-comunistas-internacionais, permaneceremos em estado de revolução permanente.

A REVOLUÇÃO
1893

SERIA QUIMÉRICO esperar que a anarquia, ideal humano, possa emanar da República, forma governamental. As duas evoluções se fazem em sentido inverso; e a mudança só pode realizar-se por uma ruptura brusca, quer dizer, por uma revolução. Mas não existem também socialistas entre as pessoas cobiçando o poder? Sem dúvida, e são precisamente aqueles que mais tememos. É por decreto que eles farão a felicidade do povo, pela polícia que eles terão a pretensão de se manter! O poder não é outra coisa senão o emprego da força: seu primeiro cuidado será, portanto, apropriar-se dela, consolidar todas as instituições que lhes facilitarão o governo da sociedade. Talvez terão a audácia de renová-las pela "ciência", a fim de dar-lhes nova energia. É assim que, no exército, empregam-se novos engenhos, pólvoras sem fumaça e essas invenções só servem para matar mais rapidamente. Foi assim que, na polícia, inventou-se a antropometria, um meio de transformar toda a França numa grande prisão. Começa-se por mensurar os criminosos, verdadeiros ou supostos, em seguida, mensuram-se os suspeitos, e todos nós acabaremos sendo mensurados. "A polícia e a ciência deram-se as mãos", teria dito o Salmista.

Assim, nada, nada de bom para nós pode advir da

República e dos republicanos "bem-sucedidos", isto é, detentores do poder. É uma quimera na história, um contrassenso esperá-lo. A classe possuidora e governante é fatalmente inimiga de todo progresso. O veículo do pensamento moderno, da evolução intelectual e moral é a parte da sociedade que sofre, que trabalha e é oprimida. É ela que elabora a ideia, que a realiza, que, de tremor em tremor, recoloca constantemente em marcha esse carro social que os conservadores tentam incessantemente imobilizar na estrada, entravar seu caminho ou afundá-lo nos pântanos de direita ou de esquerda. A forma exterior da sociedade deve mudar em proporção à pressão interior, e nenhum fato da história é melhor constatado. É a seiva que faz a árvore e que lhe dá suas folhas e flores; é o sangue que faz o homem; são as ideias que fazem a sociedade. Ora, não há sequer um único conservador que não se lamente pelo fato de as ideias, os costumes, tudo o que faz a vida profunda da humanidade, terem se modificado desde os "bons velhos tempos". As formas sociais não devem também mudar? A revolução aproxima-se em razão do trabalho interior dos espíritos.

Que cada um apele para suas recordações, às suas lembranças para constatar as transformações que se produziram na maneira de pensar e sentir, desde meados do século! A necessidade de um senhor, de um chefe ou capitão em toda organização, parecia fora de dúvida: um Deus no céu, ainda que fosse o Deus de Voltaire; um soberano sobre um trono ou sobre uma poltrona, fosse ele um rei constitucional ou um presidente de República, "um porco na engorda", segundo a feliz expressão de um deles; um patrão para cada fábrica, um chefe dos advogados em cada corporação; um marido, um pai de voz grave, em cada família. Mas, dia após dia, o preconceito se dissipa e o prestígio dos senhores diminui; as auréolas perdem seu esplendor à medida que avança o dia.

A diminuição do respeito é, na prática da vida, o resultado capital dessa evolução das ideias. Ide entre os sacerdotes, bonzos ou marabus; de onde vem sua amargura? Do fato de se ousar pensar sem sua opinião. E entre os grandes personagens: de que se queixam eles? De serem abordados como quaisquer outros homens. Não lhes cedem mais a passagem, negligenciam saudá-los. E quando obedecem aos representantes da autoridade, é porque o ganha-pão o exige, e dão-lhes, ao mesmo tempo, os sinais exteriores do respeito; sabemos o que valem esses senhores; e seus próprios subordinados são os primeiros a ridicularizá-los. O respeito vai embora, mas não esse justo respeito que se liga ao homem de retidão, de dedicação e de labuta, mas esse respeito vil e vergonhoso que acompanha a riqueza ou o cargo, esse respeito de escravo demonstrado pela multidão de basbaques no momento da passagem de um rei, e que transforma os lacaios e os cavalos de um grande personagem em objetos de admiração. E não somente o respeito se vai, mas aqueles que mais afirmam aspirar à consideração de todos são os primeiros a comprometer seu papel de ser sobre-humanos.

***

No mundo que trabalha, onde se tem, contudo, muitas causas de tristeza, não se tem tempo de entregar-se aos langores do pessimismo. Os grandes eventos dos quais nossa geração participou emanaram do mundo do trabalho, e as "classes dirigentes" nada tiveram com o fato. A Internacional! Desde a descoberta da América e a circunavegação da Terra, não foi esse o fato mais considerável da história dos homens? Colombo, Magalhães, El Cano, foram os primeiros a constatar a unidade material da Terra, e desde essa época muitos filósofos e revolucionários haviam previsto sua futura unidade moral. Quantas vezes não se celebrou os dias futuros em que desapareceriam as fronteiras, mas elas não deixavam de existir, até o dia em que trabalhadores ingleses, franceses, alemães, esquecendo a diferença de origem e entendendo-se uns com os outros, apesar da diversidade da linguagem, reuniram-se para formar uma única e mesma nação, a despeito de todos os respectivos governos.

Sinais precursores já anunciaram a grande luta. Não vimos, em 1º de Maio de 1890, os operários do mundo inteiro unirem-se num mesmo pensamento para responder ao chamamento de um desconhecido qualquer, talvez de um camarada australiano? Não foi provado, nesse dia, que a Internacional estava ressuscitada, não pela voz dos chefes, mas pela pressão das multidões? Nem os "sábios conselhos" dos socialistas em cargos públicos, nem o aparelho repressivo dos governos puderam impedir os oprimidos de todas as nações de se sentirem irmãos sobre a superfície do planeta e de o dizerem uns aos outros.

A força das coisas, isto é, o conjunto das condições econômicas, fará certamente nascer por uma ou outra causa, em relação a algum fato imprevisto, uma dessas crises repentinas que apaixonarão até mesmo os indiferentes, e veremos de repente brotar essa imensa energia que se acumulou no coração dos homens pelo sentimento violado da justiça, pelos sofrimentos inexpiados, pelos ódios insaciados. Cada dia pode trazer uma catástrofe, e a situação é de tal modo tensa que em cada país espera-se um estrondo, quem sabe, talvez o primeiro foguete da explosão! A demissão de um operário, uma greve local, um massacre fortuito, podem ser a causa da revolução, do mesmo modo que uma simples faísca pode acender explosivos. É que o sentimento de solidariedade cresce cada vez mais e que todo tremor local tende a estremecer a humanidade. Há apenas dois anos um operário propôs em algum lugar a "greve geral"! A palavra pareceu bizarra, tomaram-na pela expressão de um sonho, de uma esperança quimérica, em seguida, repetiram-na com voz mais alta, e, agora, ela ressoou tão forte que o mundo dos capitalistas treme. Não, a greve geral não é impossível. Assalariados ingleses, belgas, franceses, alemães, americanos, australianos, compreendem que depende deles recusar, no mesmo dia, qualquer trabalho a seus patrões, e o que eles hoje compreendem, por que não o praticariam amanhã? Um vento de tempestade passa sobre os povos como sobre o oceano: preparemo-nos à tempestade!

Assim, os grandes dias anunciam-se. A evolução está feita, a revolução não pode tardar. Por sinal, ela não se realiza constantemente sob nossos olhos, por múltiplos abalos? Quanto mais os trabalhadores, que são a maioria, tiverem consciência de sua força, mais as revoluções serão fáceis e pacíficas. Enfim, toda oposição deverá ceder, e até mesmo sem luta. Virá o dia em que a evolução e a revolução, sucedendo-se imediatamente, do desejo ao fato, da ideia à realização, confundir-se-ão em um único e mesmo fenômeno. É assim que funciona a vida em um organismo sadio, seja ele o de um homem ou de um mundo.

A ANARQUIA E A IGREJA
1901

A CONDUTA DO ANARQUISTA em relação ao homem de Igreja está traçada de antemão. Enquanto os padres, monges e todos os detentores de um poder pseudodivino estiverem constituídos como liga de dominação, é preciso combatê-los sem trégua, com toda energia de sua vontade e com todos os recursos de sua inteligência e sua força. Por sinal, essa luta encarniçada não deve impedir de maneira alguma que conservemos o respeito pessoal e toda a simpatia humana por cada indivíduo cristão, budista ou fetichista desde que sua força de ataque e de dominação tenha sido vencida. Começaremos por nos libertar, depois trabalharemos pela libertação do adversário.

O que temos a temer da Igreja ou das igrejas é claramente ensinado pela história. Em relação a isso, todo mal-entendido e toda confusão são impossíveis. Somos odiados, execrados, amaldiçoados: condenam-nos não apenas aos suplícios do inferno, – o que não tem sentido para nós –, mas nos designam à vindita das leis temporais, à vingança especial dos reis, dos carcereiros e dos carrascos, inclusive à engenhosidade dos torturadores que a Santa Inquisição, sempre viva, conserva nas prisões. A linguagem oficial dos papas, fulminada em suas bulas recentes, dirige expressamente a campanha contra os "inovadores insensatos e diabólicos, os orgulhosos discípulos de uma pseudociência, as pessoas em delírio que gabam a liberdade de consciência, os corruptores de todas as coisas sagradas, os odiosos corruptores da juventude, os operários de crime e iniquidade". Esses malditos, esses excomungados são, em primeiro lugar, aqueles que se dizem homens de revolução, anarquistas ou libertários.

Pois bem! É justo, é legítimo que pessoas dizendo-se e crendo-se inclusive sagradas para exercer a dominação absoluta sobre o gênero humano, imaginem que sejam os detentores das chaves do céu e do inferno, concentrem toda a força de seu ódio contra os reprovados que contestam seus direitos ao poder e condenam todas as manifestações desse poder: "Exterminai! Exterminai!" – tal é a divisa da Igreja, como nos tempos de São Domingos e de Inocêncio III.

À intransigência católica opomos igual intransigência, mas como homens e como homens nutridos da ciência contemporânea, não como taumaturgos e carrascos. Rejeitamos absolutamente a doutrina católica, bem como a de todas as religiões conexas, amigas ou inimigas; combatemos suas instituições e suas obras; trabalhamos para destruir os efeitos de todos os seus atos. Mas isso sem ódio por suas pessoas, pois não ignoramos que todos os homens são determinados pelo meio no qual suas mães embalaram-nos e a sociedade nutriu-os; sabemos que uma outra educação, outras circunstâncias menos favoráveis teriam podido também nos embrutecer, e o que buscamos acima de tudo é precisamente fazer nascer para eles – se ainda é tempo

–, e para todas as gerações futuras, novas condições que curarão, enfim, os homens da "loucura da cruz" e outras alucinações religiosas.

Não pensamos absolutamente em nos vingar quando chegar o dia em que formos os mais fortes: os cadafalsos e as fogueiras não seriam suficientes para isso, de tanto que as Igrejas massacraram infiéis em nome de seus respectivos deuses, de tanto que a Igreja cristã, em especial, fez vítimas durante 1500 anos de dominação. A vingança não faz parte de nossos princípios, pois ódio atrai ódio e temos pressa para entrar numa nova era de paz social. O firme propósito que queremos realizar não é, de modo algum, empregar "as tripas do último padre para enforcar o último rei!", mas fazer com que nem padres nem reis possam nascer na atmosfera purificada de nossa nova sociedade.

Logicamente, nossa obra revolucionária contra a Igreja começa por ser destrutiva antes que ela possa tornar-se construtiva, conquanto as duas fases da ação sejam interdependentes e realizem-se ao mesmo tempo, mas sob diversos aspectos, segundo os diferentes meios. É verdade, sabemos que a força é inaplicável para destruir as crenças sinceras, as ingênuas e beatas ilusões; não buscaremos sob nenhuma hipótese entrar nas consciências para delas expulsar as perturbações e os devaneios, mas podemos trabalhar com todas as nossas energias para afastar do funcionamento social tudo o que não se coaduna com verdades científicas reconhecidas; podemos combater incessantemente o erro de todos aqueles que sustentam ter encontrado fora da humanidade e do mundo um ponto de apoio divino, permitindo que castas parasitas se disfarcem de intermediários fervorosos entre o criador fictício e suas criaturas.

Porquanto o temor e o pavor foram em todos os tempos os móbiles que subjugaram os homens – bem como reis, padres, magos e pedagogos repetiram-no sob tantas formas diversas –, combatamos incessantemente esse terror dos deuses e de seus intérpretes pelo estudo e pela exposição da serena clareza das coisas. Cacemos todas as mentiras que os beneficiários da antiga tolice teológica disseminaram no ensino, nos livros, nas artes. E não esqueçamos de bloquear o vil pagamento dos impostos diretos que o clero nos extorque, parar a construção das capelas, dos altares, das igrejas, das cruzes, das estátuas votivas e outras feiuras que desonram nossas cidades e nossos campos. Sequemos a fonte desses milhões que, de todas as partes, afluem para o grande mendigo de Roma e para os submendigos inumeráveis de suas congregações. Enfim, pela propaganda de cada dia, retiremos dos padres as crianças que se lhes dão a batizar, os meninos e as meninas que eles "confirmam na fé" pela ingestão de uma hóstia, os jovens que eles tencionam unir, os infelizes que maculam fazendo nascer o pecado em sua alma pela confissão, os moribundos que eles aterrorizam ainda no último momento da vida. Descristianizemos o povo!

Mas as escolas, mesmo aquelas que se dizem laicas, cristianizam seus alunos, quer dizer, toda a geração pensante, é-nos respondido. E como fecharemos essas escolas, porquanto encontramos diante delas pais de família reivindicando a "liberdade" da educação escolhida por eles? A nós que falamos incessantemente de liberdade e que não compreendemos o indivíduo digno desse nome senão na plenitude de sua orgulhosa independência, eis que opomos também a "liberdade"! Se essa palavra respondesse a uma ideia justa, só teríamos a nos inclinar com todo o respeito a fim de permanecer fiéis a nós próprios; mas essa liberdade do pai de família é algo diferente de um rapto, da apropriação pura e simples de uma criança que deveria pertencer-se e que se entrega à Igreja ou ao Estado, para que eles a deformem a seu bel-prazer? Não é essa liberdade semelhante à do manufatureiro que dispõe de centenas ou milhares de "braços" e que os emprega como quer a malhar metais ou a tecer fios; uma liberdade como aquela do general que faz manobrar à sua maneira "unidades táticas" de "baionetas" e "sabres"?

O pai, herdeiro convicto do páter-famílias romano, dispõe igualmente de seus filhos e de suas filhas para matá-los moralmente ou, ainda pior, avilta-los. Desses dois indivíduos, o pai e o filho, virtualmente iguais aos nossos olhos, é o mais fraco que devemos apoiar com nossa força; é a ele que temos de nos declarar solidários, ele a quem trataremos de defender contra todos aqueles que lhe causam mal, seja o próprio pai ou aquele que se diz tal, seja a mãe que o carregou em seu colo! Se, por uma lei especial que a opinião pública impôs, o Estado recusa ao pai de família o direito de condenar seu filho à ignorância, nós que estamos de coração com a nova geração, colocaremos tudo à obra, e sem leis, pela união de nossas vontades, para proteger a juventude contra uma educação perniciosa. Que a criança seja esbofeteada, espancada, torturada pelos pais, que ela seja inclusive docemente envenenada por bolos, doces e mentiras, ou que ela seja catequizada, depravada por frades ignorantinhos, que ela aprenda com os jesuítas uma história pérfida, uma falsa moral feita de vilania e crueldade, o crime nos parece ser o mesmo e o combateremos com energia, sempre ferozmente, solidários com o ser ao qual se faz mal.

É verdade, enquanto a família mantiver-se sob sua forma monárquica, modelo dos Estados que nos governam, o exercício de nossa vontade firme de intervenção em relação à criança contra os pais e os padres permanecerá de difícil realização; mas não deixa de ser nesse sentido que deveremos orientar todo o nosso esforço. Não pode haver meio termo entre ser defensor da justiça ou cúmplice do crime.

Nessa matéria coloca-se ainda, como em todas as outras questões sociais, o grande problema que se discute entre Tolstói e os outros anarquistas, aquele da não resistência ou da resistência ao mal. No que nos concerne, somos da opinião que o ofendido que não resiste entrega de antemão os humildes e os pobres aos opressores e aos ricos. Resistamos sem ódio, sem espírito de rancor nem vingança, com toda a doçura serena do filósofo senhor de si e que reproduz exatamente seu pensamento profundo e seu querer íntimo em cada um de seus atos, mas resistamos! A escola atual, seja ela dirigida pelo padre religioso ou pelo padre laico é claramente, absolutamente dirigida contra os homens livres, tanto quanto seria uma espada, ou melhor, milhões de espadas, pois se trata de formar contra os inovadores as crianças da nova geração. Entendemos a escola como a sociedade "sem Deus nem amo" e consideramos, por consequência, como locais funestos todos esses antros nos quais ensinam a obediência a Deus e, sobretudo, a seus representantes, os mestres de todo tipo, padres e monges, reis e funcionários, símbolos e leis. Reprovamos tanto as escolas onde ensinam os pretensos deveres cívicos – quer dizer, o cumprimento das ordens de cima e o ódio aos povos estrangeiros – quanto as escolas onde se ordenam às crianças que sejam apenas "bastões nas mãos dos padres". Sabemos que elas são igualmente nocivas, e quando tivermos a força, fecharemos umas e outras bem como as casernas e os lupanares.

Vã ameaça, dirão com ironia. Não sois os mais fortes, e ainda comandamos os reis, os militares, os magistrados e os carrascos. Sim, isso parece verdadeiro; mas todo esse aparelho de repressão não nos apavora absolutamente, pois também é uma grande força ter a verdade como aliada e disseminar a luz diante de si. A história sucede em nosso favor, pois, se a ciência "inexistiu" para nossos adversários, ela permaneceu nosso guia e nosso apoio. A diferença essencial entre os serviçais da Igreja e seus inimigos, entre os subjugados e os homens livres, é que os primeiros, privados de iniciativa própria, só existindo pela massa, não pelo valor individual, enfraquecem-se pouco a pouco e morrem, enquanto a renovação da vida faz-se em nós pela ação espontânea das forças anárquicas. Nossa sociedade nascente de homens livres, que busca penosamente livrar-se da crisálida burguesa, não poderia ter qualquer esperança de triunfar um dia, não poderia nem sequer nascer, se não tivesse diante de si verdadeiros homens com um querer e uma energia próprios, enquanto o imenso exército de devotos e devotas, aviltado pela prosternação e pela obediência, permanece condenado à ataxia intelectual. Qualquer que seja, do ponto de vista especial de sua ocupação, de sua arte ou de sua profissão, o valor do católico crente e praticante, quaisquer que sejam também suas qualidades de homem, ele não é, do ponto de vista do pensamento, senão uma matéria amorfa e sem consistência, porquanto abdicou complacentemente de seu juízo, e pela fé cega colocou-se a si mesmo fora da humanidade que raciocina.

Todavia, o exército dos católicos tem para si a força da rotina, o funcionamento de todas as sobrevivências, continuando a agir em virtude da força de inércia. Espontaneamente, os joelhos de milhões de indivíduos flexionam diante do padre resplandecente de ouro e seda; levada por uma série de movimentos reflexos, a multidão amontoa-se nas naves nos dias de festas dos santos padroeiros; celebra o Natal e a Páscoa porque as gerações anteriores celebraram essas festas. A imagem da Virgem Maria e a do menino Jesus permanecem gravadas nas imaginações; o crédulo venera sem saber por que o pedaço de cobre ou o marfim talhado em crucifixo; inclina-se ao falar da "moral do Evangelho", e quando mostra as estrelas a seu filho, não deixa de glorificar o divino relojoeiro. Sim, todas essas criaturas do hábito, todos esses porta-vozes da rotina constituem um exército já temível por sua massa: é a matéria humana que constitui as esmagadoras maiorias, e cujos gritos sem pensamento repercutem como se representassem uma opinião. Que importa! Essa massa acaba por não mais obedecer aos impulsos atávicos: vemo-la rapidamente tornar-se indiferente a esse jargão religioso que ela não compreende mais; não mais crê que o padre seja um intérprete junto a Deus para absolver os pecados, nem um intérprete junto ao diabo para enfeitiçar os animais e as pessoas; o camponês, assim como o operário, já não teme o seu vigário. Ele tem alguma ideia da ciência, sem conhecê-la ainda e, enquanto aguarda, torna a ser pagão confiando-se vagamente às forças da natureza.

É verdade, a revolução silenciosa que descristianiza lentamente as massas populares é um acontecimento capital, mas devemos esquecer que os adversários mais temíveis, porque não têm nenhuma sinceridade, não são os pobres plebeus do povo, nem sobretudo os crentes, suicidados do espírito, a quem vemos prosternar-se nas capelas como separados por um véu espesso do mundo real. Os hipócritas ambiciosos que os conduzem e os indiferentes que, sem ser católicos, juntaram-se oficialmente à Igreja, aqueles que fazem dinheiro com a fé, são muito mais perigosos do que os cristãos. Por um fenômeno contraditório na aparência, o exército clerical torna-se mais numeroso à medida que a crença esvanece. É que as forças inimigas reúnem-se de um lado e do outro. A Igreja agrupou atrás de si todos os seus cúmplices naturais aos quais são necessários escravos para comandar, reis, militares, funcionários de todos os tipos, voltairianos arrependidos e, inclusive, os honestos pais de família que querem que eduquem seus filhos bem comportados, estilosos, graciosos, polidos, de boas maneiras, preservando-se com prudência de tudo o que poderia assemelhar-se a um pensamento.

"O que nos dizeis!", dirá sem dúvida algum político que se interessa pela luta atual entre as congregações e o "bloco republicano" do Parlamento francês. "Não sabeis que o Estado e a Igreja estão definitivamente rompidos, que os crucifixos, as imagens dos Sagrados Corações de Jesus e de Maria vão ser retirados das escolas e substituídos por belos retratos do presidente da República? Não sabeis que as crianças estão doravante cuidadosamente preservadas da lepra e das superstições antigas e que professores civis lhes dispensarão uma educação fundada na ciência, liberta de toda mentira, sempre respeitosa da liberdade?" Ai de mim! Sabemos muito bem que os detentores do poder rivalizam lá em cima; sabemos que a gente do clero, os seculares e os regulares estão em desacordo quanto à distribuição das prebendas e doações; sabemos que a velha querela das "investiduras" continua século após século entre o papa e os Estados laicos; mas isso não impede que os dois detentores da dominação, religiosos e políticos, estejam, no fundo, de acordo, mesmo em suas excomunhões recíprocas, e que eles compreendam do mesmo modo sua missão divina em relação ao povo governado. Uns e outros darão às crianças o mesmo ensino, aquele da obediência. Ao menos, entre esses educadores às avessas, os padres são os mais lógicos, porquanto sustentam representar Deus, o Criador e Mestre Universal. Ainda ontem, sob a alta proteção da República, eles foram os senhores absolutos, incontestes.

Todos os elementos da reação estavam então unidos sob o mesmo lábaro simbólico, o "signo da cruz"; teria sido ingênuo deixar-se enganar pela divisa desse estandarte; não se tratava mais aqui da fé religiosa, mas da dominação, a crença íntima era apenas um pretexto para a maioria daqueles que querem conservar o monopólio dos poderes e das riquezas; para eles, o objetivo único era impedir a qualquer custo a realização do ideal moderno, o pão para todos, a liberdade, o trabalho e o lazer para todos. Nossos inimigos, ainda que se odiando e se desprezando uns aos outros, tiveram, contudo, de agrupar-se num único partido. Isoladas, as causas respectivas das classes dirigentes eram demasiado pobres de argumentos, demasiado ilógicas para que pudessem tentar defender-se com sucesso; era-lhes indispensável ligar-se a uma causa superior, ao próprio Deus, o "princípio de todas as coisas", o "grande ordenador do universo". Assim, numa batalha, os corpos de tropas expostos abandonam as obras exteriores recém--construídas para reunir-se no centro da posição, na cidadela antiga acomodada pelos engenheiros à guerra moderna.

Demasiado ávida de posses, a gente de igreja também cometeu a inabilidade, por sinal inevitável, de não evoluir vivamente com o século. Sobrecarregada por sua bagagem de velharias, permaneceu na estrada. Expressa-se incompreensivelmente em latim e isso basta para que não saiba mais falar o francês de Paris. Titubeia a teologia de São Tomás, mas essa antiga verbiagem não lhe serve mais de grande coisa para discutir com os alunos de Berthelot. Sem dúvida, alguns dessa gente, sobretudo os padres americanos, em luta com uma jovem sociedade democrática, subtraída ao poder de Roma, tentaram rejuvenescer seus argumentos, polindo um pouco suas veneráveis espadas, mas essas novas maneiras de controvérsia foram malvistas pelas altas autoridades, e o misoneísmo triunfou: o clero mantém-se na retaguarda, com todo o pavoroso bando dos magistrados, dos inquisidores e dos carrascos. Em massa, colocaram-se atrás dos reis, dos príncipes e dos ricos, e para os humildes só sabem reivindicar a caridade, não a justiça, um canto modesto no paraíso futuro, e não um amplo e belo lugar ao bom sol que hoje nos ilumina. Alguns filhos desgarrados do catolicismo suplicaram ao papa para este se fazer socialista, ingressar ousadamente nas fileiras dos niveladores e dos mortos de fome. Oh, não, que ideia! Ele se agarra aos milhões chamados de "tributo a São Pedro" e a esse "feixe de palha" que é o palácio do Vaticano.

Que belo dia para nós, livres-pensadores e revolucionários, esse durante o qual o papa afundou definitivamente no dogma de sua infalibilidade! Eis nosso homenzinho preso como numa jaula de aço! Não deve contradizer-se, renovar-se, viver, em resumo! Está atado nos velhos dogmas, obrigado a ater-se ao sílabo, amaldiçoar a sociedade moderna com todas as suas descobertas e seus progressos. Doravante, não é mais que um prisioneiro voluntário acorrentado à margem e perseguindo-nos com suas vãs imprecações, enquanto singramos livremente os mares. Por um de seus subalternos, proclama o "fracasso da ciência!". Que alegria para nós! É o triunfo definitivo que a Igreja não queira mais aprender nem saber, que ela permaneça para sempre ignorante, absurda, encerrada no que São Paulo já denominava sua loucura!

Mas, demasiado ávidos, faltou prudência aos padres e aos monges; chefes da conspiração, portadores da palavra de ordem divina, eles quiseram muito mais do que sua parte. A Igreja, sempre ávida para a rapina, não deixava de exigir um direito de entrada de todos os seus novos aliados, republicanos e outros; exigiu subvenções para todas as suas missões estrangeiras, exigiu, inclusive, a guerra da China e a pilhagem dos palácios imperiais. Foi assim que as riquezas do clero aumentaram prodigiosamente: só na França, os bens eclesiásticos mais que dobraram nos 20 últimos anos do século XIX; é aos bilhões que se avaliam as terras e as casas que pertencem abertamente aos padres e aos monges, mais do que bilhões ainda possuem sob os nomes de senhores idosos e de velhas e ricas viúvas! Jacobinos quase se regozijam vendo essas propriedades imensas acumular-se nas mesmas mãos, esperando que de um só golpe o Estado possa apoderar-se delas um dia: remédio que deslocaria a enfermidade mas não a eliminaria absolutamente! Essas propriedades, produtos do roubo e do dolo, devem ser recuperadas pela comunidade pois outrora foram suas. Elas fazem parte do grande haver terrestre pertencente ao conjunto da humanidade.

Transportemo-nos pela imaginação aos tempos futuros da irreligião consciente e refletida. Qual será nessas novas condições a obra por excelência dos homens de boa vontade? Substituir as alucinações por observações precisas, substituir as ilusões do paraíso que prometiam aos famélicos pelas realidades de uma vida de justiça social, de bem-estar, de trabalho harmonioso; encontrar para os fiéis da religião humanitária uma felicidade mais substancial e mais moral do que aquela com a qual os cristãos contentam-se atualmente. Aquilo de que estes necessitavam era não ter o penoso trabalho de pensar por si mesmos e buscar em sua própria consciência o móbile de suas ações; não tendo mais fetiche visível como nossos ancestrais selvagens, esforçam-se para possuir um fetiche secreto que trate de suas feridas de amor-próprio, que os console de suas tristezas, que lhes torne as horas de enfermidade menos longas e assegure-lhes inclusive uma vida imortal, isenta de toda preocupação. Mas tudo isso para eles pessoalmente: sua religião não leva em consideração os infelizes que continuam perigosamente a dura batalha da vida; assim como os espectadores da tempestade dos quais fala Lucrécio, é-lhes doce ver, da praia, os gestos dos náufragos lutando contra as ondas. Eles podem reler nos Evangelhos essa vil parábola de Lázaro, "deitado no seio de Abraão", e recusando-se a molhar a ponta de seu dedo na água para refrescar a língua dos maus ricos. (Lucas XVI).

Nosso ideal de felicidade não é em absoluto esse egoísmo cristão do homem que se salva vendo perecer seu semelhante e que recusa uma gota de água a seu inimigo. Nós, anarquistas, que trabalhamos pela emancipação completa de nosso indivíduo, colaboramos por isso mesmo para a liberdade de todos os outros, inclusive aquela do mau rico quando o tivermos aliviado de suas riquezas, e tivermos assegurado-lhes o benefício solidário de cada um de nossos esforços. Nossa vitória pessoal não se concebe de modo algum sem que ela torne-se, ao mesmo tempo, uma vitória coletiva; nossa busca da felicidade não pode imaginar-se de outro modo senão na felicidade de todos: a sociedade anarquista não é um corpo de privilegiados, mas uma comunidade de iguais, e será para todos uma felicidade muito grande da qual não temos hoje nenhuma ideia, viver num mundo em que não veremos crianças surradas por suas mães recitando o catecismo, sem famélicos pedindo uma moeda, sem prostitutas entregando-se para alimentar-se, sem homens válidos fazendo-se soldados ou mesmo policiais, porque não têm outros meios para ganhar suas vidas. Reconciliados porque os interesses de dinheiro, de casta, de posição, não farão deles inimigos-natos uns dos outros, os homens poderão estudar juntos, tomar parte, segundo suas afinidades pessoais, das obras coletivas da transformação planetária, da redação do grande livro dos conhecimentos humanos, em resumo, viver uma vida livre, cada vez mais ampla, poderosamente consciente e fraternal, escapando assim das alucinações, da religiosidade e da Igreja. E, acima de tudo, poderão trabalhar diretamente pelo futuro ocupando-se das crianças, desfrutando com elas da natureza, guiando-as com método no estudo das ciências, das artes e da vida.

De nada adianta os católicos terem se apoderado

oficialmente da sociedade; eles não são e não serão absolutamente seus senhores, porque só sabem sufocar, comprimir, enfraquecer: tudo o que é vida lhes escapa. Na maioria, a própria fé está morta: só lhes resta a gesticulação pia, as prosternações e os paramentos, os rosários, o ronco do breviário. Os melhores entre os padres são obrigados a fugir da Igreja para encontrar um abrigo entre os profanos, isto é, entre os confessores da nova fé, entre nós, anarquistas e revolucionários, que caminhamos rumo a um ideal e que trabalhamos para realizá-lo. É fora da Igreja, que fracassou em todas as grandes esperanças, que se realiza tudo o que é grande e generoso. E é fora dela, malgrado ela, que os pobres aos quais os padres prometiam ironicamente todas as riquezas do paraíso conquistarão enfim o bem-estar da vida presente: é apesar da Igreja que se fundará a verdadeira comuna, a sociedade dos homens livres rumo à qual nos conduziram tantas revoluções anteriores contra o padre e o rei.

ALGUMAS PALAVRAS DE HISTÓRIA
1894

O PRIMEIRO FATO que impressiona o homem sincero em seus estudos relativos às evoluções contrastadas do Homem e da Terra é a unidade definitiva realizando-se na infinita variedade das regiões do mundo habitável. A história compunha-se outrora de histórias distintas, locais e parciais, não convergindo em absoluto para um centro comum: para as pessoas do Ocidente, elas gravitavam em torno de Babilônia ou Jerusalém, de Atenas ou Alexandria, de Roma ou Bizâncio; para os asiáticos, elas possuíam os centros distintos de Cambalu, Nanquim, Ujein, Benares ou Delhi; enquanto no Novo Mundo, então desconhecido do Antigo, povos miravam uns para Tezcuco ou México, os outros para Cuzco ou Cajamarca, e enquanto milhares de tribos selvagens imaginavam por centro do mundo um grupo de choças ocultas na floresta, talvez mesmo uma simples cabana no meio dos prados, uma rocha, uma árvore sagrada na qual pendiam alguns panos. Agora a história é aquela do mundo inteiro: move-se em torno de Seul e nas bordas do golfo de Petchili, nas florestas profundas do Cáucaso e nos planaltos abissínios, nas ilhas de Sonda e nas Antilhas, bem como em todos os lugares famosos considerados outrora como os "umbigos" do grande corpo terrestre. Todas as nascentes do rio, outrora distintas e correndo subterraneamente nas cavernas, uniram-se num único leito, e as águas escoam amplamente à luz do céu. Só em nossos dias a história pode dizer-se "universal" e aplicar-se a toda a família dos homens. As pequenas pátrias locais perdem sua importância relativa em proporção inversa ao valor que assume a grande pátria mundial. As fronteiras de convenção, sempre incertas e flutuantes, apagam-se gradualmente, e, sem desejá-lo, o patriota mais ardente torna-se cidadão do mundo: malgrado sua aversão pelo estrangeiro, apesar da alfândega que o protege do comércio com o exterior, malgrado os canhões confrontados dos dois lados da linha considerada tabu, ele come o pão proveniente da Índia, bebe um café que negros ou malaios colheram, veste-se com tecidos dos quais a América envia a fibra, utiliza invenções devidas ao trabalho combinado de mil inventores de todos os tempos e de todas as raças, experimenta sentimentos e pensamentos que milhões de homens vivem com ele de uma extremidade à outra do mundo.

Os pensares, os sentimentos, se não comuns, ao menos tendendo a tornar-se, tal é a consequência de incalculável alcance que acarreta essa fusão das histórias locais em história universal. A frase de Pascal: "Verdade aquém; erro além dos Pirineus!" transforma-se gradualmente num paradoxo. A compreensão das mesmas leis científicas formuladas numa linguagem de uma precisão e, por consequência, de uma identidade perfeita, a busca das mesmas origens intelectuais, a veneração dos mesmos nomes históricos, a preocupação constante dos mesmos problemas políticos e sociais, a vibração harmônica das evoluções paralelas que se produzem em cada grupo comunal ou nacional, enfim, a mescla crescente das línguas, tudo isso faz dos homens, por mais rebeldes, por mais agressivos que sejam à amizade, compatriotas e irmãos. Sem dúvida, essa evolução está longe de ter acabado, e ainda assistiremos a muitas explosões de ódios nacionais, mas não é proibido àqueles dentre nós que veem e que preveem, compreender o sentido dos acontecimentos, acompanhar suas consequências, predizer seu resultado incontestável.

A história também nos ensina que o trabalho dos homens associados, resultando na conquista e na unificação da superfície planetária, não se fez absolutamente de um movimento sempre igual e contínuo. Longe disso: períodos de reação sucederam-se a períodos de ação, recuos seguiram os progressos; o impulso geral realizou-se por uma espécie de oscilação, por uma série de idas e vindas, comparável ao vaivém das ondas na maré crescente; sempre uma alternância de recuos momentâneos produziu-se na marcha coletiva dos homens. Desde que a memória dos eventos foi-nos conservada por anais, constatamos o prodigioso crescimento das riquezas, e vemos que no conjunto progredimos em ciência e em moral bem como em haver: a humanidade tomou consciência de si mesma em seu imenso domínio. Mas amiúde os fenômenos de retrocesso duraram tanto tempo, estenderam-se em regiões tão vastas que se pôde crer na irremediável decadência; pensou-se que a era do ferro havia sucedido a era do ouro e que a própria era do ferro seria seguida da era da

ALGUMAS PALAVRAS DE HISTÓRIA

lama. Podia-se escapar dessas ilusões quando se viam regiões inteiras recair na incultura e desaparecerem os povos que as habitavam, quando centenas, mesmo milhares de anos, como durante a Idade Média, transcorriam numa espécie de noite, antes que se tivesse podido reencontrar a luz da ciência adquirida precedentemente, retomar o conhecimento das regiões já percorridas e descritas? Agora os períodos de reação são mais curtos: eles abreviam-se de século em século, e podemos estudar seu ritmo, tentar predizer sua duração sempre atenuada, buscar, inclusive, previni-los graças ao movimento acelerado do pensamento.

A história mostra-nos que todo desenvolvimento progressivo fez-se em razão da liberdade de iniciativa; que todo movimento regressivo, salvo em caso de catástrofe natural, inundação ou tremor de terra, teve por causa um recuo, um agravamento de servidão. Com todas as coisas iguais, por sinal, os progressos de uma sociedade comparam-se à liberdade de pensamento e ação da qual gozam nela os indivíduos. A pulsão de vida só vem com a alegria e a força dada pela ausência de senhores; todavia, tão logo é preciso posicionar-se, fixar-se, olhar com inquietude ao redor de si, proteger-se do açoite que ameaça golpear-vos, ou das leis, dos regulamentos, dos ucasses que espreitam de todos os cantos, a força de invenção esgota--se, o espírito esteriliza-se, a livre ação transforma-se em rotina, a vida empobrece, e acabamos por desaprender o que outrora sabíamos; a mesma coisa no corpo de um velho: as extremidades esfriam-se, a vida concentra-se nos órgãos essenciais para manter ao menos a circulação do sangue. Felizmente que o espírito humano, de infinita sutileza, escapa sempre por algum ponto da compressão. César, Tamerlão e outros conquistadores devastaram o mundo, deixando atrás deles só cadáveres e ruínas, mas quantas comunidades ignoradas mantiveram-se nos vales afastados das montanhas! Se a Inquisição torturou e queimou aqueles que se permitiam pensar livremente, quantos camponeses sinceros e bons, quantos filhos da natureza permaneceram fora de seus ataques, guardando na sinceridade de sua alma ingênua uma franca independência! É assim que, nos contos de fadas e nas lendas das religiões, os massacres poupam sempre a criança que porta em si o invencível destino. Por mais violentas que tenham sido as grandes reações contra o impulso da liberdade, elas nunca subjugaram senão uma parte dos povos. O sonho atroz do império universal nunca se realizou. Na luta de todos os países e de todos os séculos que não cessou de reprimir entre o pensamento livre e a opressão do pensamento, luta da qual as mil alternativas são a verdadeira história, é a liberdade que, sem ter ainda definitivamente triunfado, tem a incomparável vantagem do ataque: seus raios, como aqueles do sol, são lançados como flechas através da neblina. O velho mundo está sempre na defensiva em relação ao novo, e as revoluções que se sucedem são para ele tantas derrotas sucessivas.

Mas há luta, luta incessante, e a vitória definitiva não está ganha: a era das revoluções, diga-se o que disser, está longe de ter acabado, e, inclusive, ela não pode sê-lo enquanto a evolução realizada nos espíritos chocar-se contra a resistência dos preconceitos e do que se denomina "interesses estabelecidos". A mudança deve ser tanto mais brusca, e mesmo tanto mais violenta, quanto mais o dique que deve ser rompido for mais alto e largo, composto dos materiais mais solidamente construídos. Se houvesse jogo franco entre as forças em luta, se os reacionários e os inovadores, separados pela massa oscilante dos céticos e dos irresolutos, combatessem pessoalmente sem aliança com forças estranhas, as questões seriam mais rapidamente resolvidas, e as evoluções já amadurecidas seriam pacificamente seguidas pelas revoluções correspondentes; mas essas multidões, ainda não nascidas para a vida individual do pensamento e da ação livres, constituem um enorme peso morto que os distribuidores do poder empregam em seu proveito para esmagar seus adversários. O curso natural da história encontra-se assim retardado; mas o atraso não se transforma em interrupção definitiva se a pressão moral é bastante poderosa para suscitar novos lutadores e para estremecer a fé daqueles que defendem as causas envelhecidas. Tudo o que é incapaz de renovar-se, acomodar-se ao meio cambiante, está condenado de antemão: a força bruta de nada lhe servirá; a utopia de hoje, precisando-se dia após dia, tornar-se-á a realidade de amanhã.

É verdade, todos, quem quer que sejamos, homens de desejo ou dolentes do passado, todos nós temos a convicção de mudanças próximas, de evoluções intelectuais e morais destinadas a produzir inevitáveis revoluções. Porquanto prevemos grandes eventos, e que cada um de nós neles terá sua parte de ação, mínima ou poderosa, nosso dever é não nos deixarmos, absolutamente, levar como palha ao vento, mas estarmos presentes energicamente e nos darmos conta com perfeita sinceridade do que pensamos e do que queremos. Qual é o ideal pessoal de cada um de nós? Qual é o ideal coletivo que nos parece sobressair de todos os desejos, de todas as vontades manifestadas? Criminoso, covarde pelo menos, é aquele que se calará quando crer poder responder a essa questão. Qualquer pessoa é livre para ver no ideal presente um fogo-fátuo que nos desvia no meio dos caminhos traçados; mas que os zombeteiros também deem a sua solução. Apelamos a todos a fim de que, ajudando-nos uns aos outros em nosso desejo de ver e compreender bem, aproximemo-nos do grande objetivo: "Ser homens!".

O primeiro ponto de nosso ideal, evidentemente, é que cada homem tenha o que comer, e entendo por isso que cada um tenha a possibilidade de viver em condições perfeitas de bem-estar material. Duvido de que um homem qualquer, por mais egoísta, por mais duro que seja em relação aos sofredores, pronuncie-se claramente contra esse desejo; bastar-lhe-á zombar dizendo que a coisa é impossível; se necessário, acantonar-se-á atrás de Malthus e de outros doutos economistas, a fim de furtar-se de responder por si mesmo. Quanto a nós, estudemos simplesmente a estatística a fim de que ela responda por nós. Bastantes documentos foram coletados para que possamos constatar que a Terra oferece a seus filhos, em quantidade suficiente, madeira e metais, argila para cerâmica, fibras para tecidos, frutas, grãos e raízes alimentícias. Podemos estabelecer o total, e, se virmos que a oferta é superior à demanda, que o conjunto dos produtos supera de muito as necessidades do consumo, se constatarmos, além disso, que os meios de comunicação, por sinal fáceis a decuplicar, já bastam amplamente para igualar a abundância em todas as regiões da Terra, nosso ideal do "pão para todos" parecerá tão quimérico, e os homens de coração poderão ter preocupação mais imperativa do que, enfim, celebrar a primeira refeição da qual nenhum desafortunado seja excluído?

O segundo ponto de nosso ideal liga-se ao primeiro, pois, se é verdade que a humanidade tem pão em superabundância, ela possui também a possibilidade necessária para não mais necessitar empregar nas fábricas as crianças no lugar dos homens feitos, e para utilizar todo o período de preparação ao estudo da vida pela educação completa, integral do indivíduo. "O homem não vive apenas de pão", também vive do pensamento. O "banquete da vida", do qual falam os poetas e os filósofos, não é senão por imagem aquele no qual se nutre o corpo; o verdadeiro banquete é aquele "de Platão", no qual se permutam ideias, em que os homens compreendem-se e instruem-se mutuamente, onde, como na ceia pascal, um mesmo alimento espiritual une todos os convivas num mesmo corpo, dá-lhes a todos uma alma comum. Mas em vista dessa comunhão dos humanos, a primeira coisa a ser feita, a obra urgente por excelência, não é ela assegurar a todos a instrução material, o desenvolvimento de cada inteligência na medida completa de suas capacidades? O que Péricles dizia de Atenas, que ela era uma "escola da Grécia", é preciso tornar uma verdade para todas as nossas cidades e fazer todas escolas do mundo, e escolas autênticas, nas quais todos ensinam a todos e se fazem ensinar por todos, na plenitude de sua liberdade, sem restrições provenientes de uma limitação de idade, de profissão, de fortuna, ou de uma falta de diplomas e outras papeladas. Tal é nosso ideal, bem diferente daquele dos espíritos "moderados", das pessoas "sábias" que querem fazer duas partes da ciência, uma estreita e sabiamente falsificada para as crianças pobres destinadas a servir, a outra ampla, livre, sem limites impostos, amplificada de orgulho, e, por consequência, igualmente falseada, para as crianças ricas destinadas a comandar. Mais vale cem vezes o ideal do fiel ao qual a "fé no absurdo" basta e que não quer ciência para ninguém!

O homem que sacia sua fome e que se instrui a seu bel-prazer é um homem livre e para todos um igual; mas lhe restaria um outro ideal a satisfazer: a fraternidade, se esse progresso não se realizasse necessariamente com o ideal do pão e da instrução, se todos os progressos não se determinassem mutuamente, e se a educação real, que forma o espírito, não formasse também o coração. A ela de voltar a combatividade do homem para outros objetivos diferentes do dano ou da morte de seu semelhante; de dirigir-se a trabalhos de força, para ásperas e difíceis pesquisas, para as viagens longínquas entremescladas de perigos, para provas temíveis, mas úteis para a comunidade. Cabe à educação completar, de maneira direta, a moralização produzida indiretamente pela supressão da miséria e da ignorância. Se o trabalhador, seguro de seu pão, não tem mais por que se inclinar humildemente ante alguns senhores, pronto a suportar todas as humilhações que quiserem infligir-lhe; se as moças, se as mães não forem mais obrigadas a vender-se a todos os porcos que passam, a fim de comer ou alimentar sua família; se as crianças tornarem-se verdadeiramente homens, sadios, dispostos e fortes, as condições do meio social deverão mudar completamente; seres novos constituirão uma sociedade nova. Tendo em vista uma humanidade composta de seres livres, iguais, instruídos, é impossível imaginá-la com milhões de soldados sem vontade pessoal, aguardando o gesto ou o grito que lhes dirá para matarem-se mutuamente, com outros milhões de escravos obedientes, passando sua vida a escrevinhar, com a turba daqueles: sacerdotes, magistrados, policiais, denunciadores e carrascos, que têm a atribuição de ensinar pelo terror e assegurar pelo gládio a moral das nações.

Não, a pessoa humana, tendo enfim o pão do corpo social e aquele do espírito, não se acomodará diante de tal regime, que já teria feito perecer a humanidade se ela não tivesse tido nela elementos poderosos de resistência e renovação: o invencível amor pela vida, a curiosidade de saber, a ironia vingadora contra os dominadores e o espírito de solidariedade entre todos aqueles que sofrem. Essa força coletiva dos humildes, de todos aqueles que, por si mesmos, não são quase nada, essa força é aquela com a qual contamos para realizar nosso triplo ideal: a conquista do pão, da instrução e a moralidade para todos. Os imensos progressos já realizados dão-nos confiança do futuro. Mas vós, que desesperais, retornai ao deus todo-poderoso das antigas teogonias, invocai de novo o Cristo redentor, com seu paraíso onde só alguns eleitos ouvirão o canto das violas durante os séculos dos séculos, enquanto no inferno, os bilhões e bilhões de malditos arderão para sempre!

A MEU IRMÃO CAMPONÊS
1899

"É VERDADE", perguntaste-me, "é verdade que teus camaradas, os operários das cidades, pensam tomar-me a terra, essa doce terra que amo e que me dá espigas, bem avaramente, é verdade, mas mesmo assim me dá? Ela nutriu meu pai e o pai de meu pai; e meus filhos ali encontrarão, talvez, um pouco de pão. É verdade que queres tomar-me a terra, expulsar-me de minha cabana e de meu pequeno jardim? Meu arpento não será mais meu?"

Não, meu irmão, não é verdade. Porquanto amas o solo e o cultivas, é a ti que pertencem as colheitas. És tu quem produz o pão, ninguém tem o direito de comê-lo antes de ti, antes de tua mulher que se associou a teu destino, antes da criança que nasceu de vossa união. Conserva tua terra com toda tranquilidade, guarda tua pá e tua charrua para revolver a terra endurecida, guarda a semente para fecundar o solo. Nada é mais sagrado que teu labor, e mil vezes maldito aquele que quisesse tomar-te o solo tornado nutridor por teus esforços!

Mas o que digo a ti não digo a outros que se dizem cultivadores e que não o são. Quem são esses pretensos trabalhadores, esses nutridores do solo? Um nasceu grande senhor. Quando o colocaram em seu berço, envolto em lãs finas e sedas suaves ao toque e ao olhar, o sacerdote, o magistrado, o notário e outras personagens foram saudar o recém-nascido como um futuro senhor da terra. Cortesãos, homens e mulheres, acorreram de todas as partes para levar-lhe presentes, tecidos bordados de prata e chocalhos de ouro; enquanto o cumulam de presentes, escribas registram em grandes livros que o bebê possui aqui nascentes e acolá rios, mais longe bosques, campos e prados, em seguida, alhures, jardins e mais outros campos, bosques e pastagens. É proprietário na montanha e na planície; mesmo sob a terra ele também é senhor de grandes domínios onde homens trabalham, às centenas ou milhares. Quando for adulto, talvez um dia vá visitar as propriedades que herdou ao sair do ventre materno; talvez não se dê nem mesmo ao trabalho de ver todas essas coisas; mas mandará recolher e vender os produtos. De todos os lados, por estradas e por ferrovias, por embarcações fluviais e por navios no oceano, trar-lhe-ão grandes sacos de dinheiro, extraídos de todos os seus campos. Pois bem, quando tivermos a força, deixaremos todos esses produtos do labor humano nos cofres-fortes do herdeiro? Teremos o respeito por essa propriedade? Não, meus amigos, pegaremos tudo isso. Rasgaremos esses papéis e plantas, quebraremos as portas desses castelos, tomaremos esses domínios. "Trabalha, se quiseres comer!", diremos a esse pretenso cultivador! "Nada de todas essas riquezas te pertence mais!"

E esse outro senhor nascido pobre, sem títulos de propriedade, que nenhum adulador foi admirar na cabana ou na mansarda materna, mas que teve a chance de enriquecer-se por seu trabalho probo ou ímprobo?

Ele não tinha nem um montículo de terra onde repousar sua cabeça, mas soube, por especulações ou economias, pelos favores senhoriais ou da sorte, adquirir imensas extensões que ele agora cercou: colhe onde não semeou; come e toma o pão que um outro conseguiu por seu trabalho. Respeitaremos essa segunda propriedade, aquela do enriquecido que não trabalha absolutamente sua terra, e que a faz lavrar por mãos escravas e que diz pertencer-lhe? Não, essa segunda propriedade não respeitaremos mais do que a primeira. Também aqui, quando tivermos a força, viremos pôr a mão sobre esses domínios e dizer àquele que se crê proprietário: "Para trás, arrivista! Visto que soubeste trabalhar, continua! Terás o pão que te der teu labor, mas a terra que outros cultivam não é mais tua. Não és mais o dono do pão."

Assim, tomaremos a terra, sim, nós a tomaremos, mas daqueles que a detêm sem cultivá-la, para devolvê-la àqueles aos quais era proibido tocá-la. Todavia, não é para que eles possam, por sua vez, explorar outros infelizes. A medida da terra à qual o indivíduo, o grupo familial ou a comunidade de amigos têm naturalmente direito é abarcada por seu trabalho individual ou coletivo. Quando um pedaço de terra ultrapassa a extensão do que podem cultivar, eles não têm nenhuma razão natural para reivindicar esse pedaço; seu uso pertence a outros trabalhadores. O limite é traçado diversamente entre as culturas dos indivíduos ou dos grupos, segundo a capacidade da produção. O que cultivas, meu irmão, é teu, e te ajudaremos a conservá-lo por todos os meios em nosso poder; mas o que não cultivas é de um companheiro. Dá lugar a ele. Ele também saberá fecundar a terra.

Mas se um e outros, tendes direito à vossa parte de terra, tereis a imprudência de permanecer isolados? Sozinho, demasiado só, o pequeno camponês cultivador é fraco em demasia para lutar simultaneamente contra a natureza avara e contra o opressor perverso. Se ele consegue sobreviver é por um prodígio de vontade. Deve acomodar-se a todos os caprichos do tempo e submeter-se em mil ocasiões à tortura voluntária. Que a geada fenda a pedra, que o sol queime, que a chuva caia ou que o vento zuna, ele está sempre à obra; que a inundação afogue suas plantações, que o calor as calcine, ele colherá tristemente o que resta e que não bastará a alimentá-lo. Que chegue o dia da semeadura, retirará o grão da boca para plantá-lo no sulco. Em seu desespero, resta-lhe a fé ardente: sacrifica uma parte da pobre colheita, se necessário, na confiança de que após o rude inverno, após o escaldante verão, o trigo amadurecerá e dobrará, triplicará os grãos, os decuplicará, talvez. Que intenso amor sente por essa terra que o faz penar tanto pelo trabalho, tanto sofrer pelo temor e pelas decepções, tanto exultar de júbilo quando as linhas ondulam repletas de espigas. Nenhum amor é mais forte que aquele do camponês pelo solo que ele revolve e semeia, no qual nasceu e ao qual retornará! Entretanto, quantos inimigos o cercam e cobiçam a posse dessa terra que ele adora! O cobrador de impostos taxa sua charrua e toma-lhe uma parte de seu trigo; o negociante pega uma outra parte; a ferrovia frustra-o também no transporte da produção. De todos os lados ele é enganado. E de nada adianta dizer-lhe: "Não paga o imposto, não paga o arrendamento", ele paga mesmo assim porque está só, porque não confia em seus vizinhos, os outros pequenos camponeses, proprietários ou meeiros, e não ousa entrar em acordo com eles. São mantidos subjugados, ele e todos os outros, pelo medo e pela desunião.

É certo que se todos os camponeses de um mesmo distrito tivessem compreendido o quanto a união pode aumentar a força contra a opressão, eles jamais teriam deixado perecer as comunidades dos tempos primitivos, os "grupos de amigos", como são chamados na Sérvia e em outros países eslavos. A propriedade coletiva dessas associações não é absolutamente dividida em inumeráveis pequenos domínios por cercas vivas, muros e fossos. Os companheiros não têm por que brigar para saber se uma espiga crescida à direita ou à esquerda do sulco pertence a um ou outro. Nada de oficial de justiça, nada de procurador, nada de notário para resolver os interesses entre os camaradas. Após a colheita, antes da época da nova lavra, eles se reúnem para discutir os negócios comuns. O jovem que se casou, a família que cresceu com uma nova criança ou aquela que recebeu um hóspede, expõem sua nova situação e recebem uma parte maior do haver comum para satisfazer suas necessidades maiores. Reduzem ou aumentam as distâncias segundo a extensão do solo e o número de membros, e cada um trabalha em seu campo, feliz de estar em paz com os irmãos que trabalham a seu lado sobre a terra medida segundo as necessidades de todos. Nas circunstâncias urgentes, os camaradas apoiam-se mutuamente: um incêndio devorou tal cabana, todos tratam de reconstruí-la; uma ravina destruiu uma parte do campo lavrado, preparam um outro para o detentor lesado. Uma única pessoa pastoreia os rebanhos da comunidade, e, à noite, as ovelhas e as vacas sabem retomar o caminho de seu estábulo sozinhas. A comuna é simultaneamente propriedade de todos e de cada um.

Sim, mas a comuna, bem como o indivíduo, é bem fraca se permanece no isolamento. Talvez ela não tenha bastantes terras para o conjunto dos partícipes, e todos devem sofrer de fome! Quase sempre ela se encontra em luta contra um senhor mais rico do que ela, que cobiça a posse de tal ou qual campo, de tal floresta ou de tal terreno de pasto. Resiste bem, e se o senhor estivesse só, ela teria triunfado rapidamente sobre o insolente personagem; mas o senhor não está só, ele tem a seu lado o governador da província e o chefe de polícia, os sacerdotes e os magistrados, o governo inteiro com suas leis e seu exército. Se necessário, ele dispõe do canhão para bombardear aqueles que disputam com ele o solo em questão. Assim, a comuna poderia ter cem vezes razão; ela tem todas as chances de que os poderosos não lhe deem razão. E de nada adiantará gritar-lhe, como ao contribuinte isolado: "Não cede!", ela deve ceder, vítima de seu isolamento e de sua fraqueza.

Sois, então, fracos, todos vós, pequenos proprietários, isolados ou associados em comunas, sois bem fracos contra todos aqueles que buscam subjugar-vos, açambarcadores de terra que cobiçam vosso lote, governantes que procuram tomar todo o produto. Se não sabeis unir-vos, não apenas de indivíduo a indivíduo e de comuna a comuna, mas também de país a país, em uma grande internacional de trabalhadores, logo partilhareis o destino de milhões e milhões de homens que já estão despojados de todos os direitos às semeaduras e à colheita, e que vivem na escravidão do salariato, encontrando trabalho quando patrões têm interesse em dar-lhes, sempre obrigados a mendigar sob mil formas, ora pedindo humildemente para ser empregado, ora estendendo a mão para implorar uma avara ração. Estes foram privados da terra, e podereis sê-lo amanhã. Há tão grande diferença entre o destino deles e o vosso? A ameaça já os atinge; ela ainda vos poupa por um dia ou dois. Uni-vos todos em vossa desgraça ou vosso perigo. Defendei o que vos resta e reconquistai o que perdeste. Caso contrário, vosso destino futuro será horrível, pois estamos numa época de ciência e método e nossos governantes, servidos pelo exército dos químicos e dos professores, preparam-vos uma organização social na qual tudo será regulado como numa fábrica, onde a máquina dirigirá tudo, inclusive os homens, onde estes serão simples engrenagens que serão substituídos como ferro-velho quando se puserem a raciocinar e querer.

É assim que, nas solidões do Grande Oeste americano, companhias de especuladores, em excelentes termos com o governo, como o são todos os ricos ou aqueles que têm esperança de sê-lo, fizeram-se conceder imensos domínios nas regiões férteis e fazem delas por meio de homens e capitais usinas de cereais. Tal campo de cultura tem a superfície de uma província. Esse vasto espaço é confiado a uma espécie de general, instruído, experimentado, bom agricultor e bom comerciante, hábil na arte de avaliar em seu justo valor a força de rendimento dos terrenos e dos músculos. Nosso homem instala-se em uma cômoda morada no centro de sua terra. Ele tem em seus hangares 100 charruas, 100 máquinas de semear, 100 colheitadeiras, 20 debulhadeiras; uns 50 vagões puxados por locomotivas vão e vêm incessantemente entre as estações ferroviárias do campo e o porto mais próximo cujos atracadouros e navios também lhe pertencem. Uma rede de telefones vai da casa palaciana a todas as construções da propriedade; a voz do senhor é ouvida em toda a parte; tem ouvidos para todos os ruídos, olhos para todos os atos; nada se faz sem suas ordens e longe de sua vigilância.

E o que se tornam o operário e o camponês nesse mundo tão bem organizado? Máquinas, cavalos e homens são utilizados da mesma maneira: vemos neles tantas forças, avaliadas em números, que devem ser empregadas para o melhor do lucro patronal, com o máximo de produtos e o mínimo de despesas possível. Os estábulos são dispostos de tal sorte que, ao sair do prédio, os animais já começam a escavar o sulco de vários quilômetros de extensão que eles têm a traçar até a extremidade do campo: cada um de seus passos é calculado, cada um produz ao senhor. Do mesmo modo, os movimentos dos operários são regulados à saída do dormitório coletivo. Lá, nada de mulheres nem de crianças que vêm perturbar o trabalho por uma carícia ou por um beijo. Os trabalhadores são agrupados por pelotões tendo seus sargentos, seus capitães e o inevitável alcaguete. O dever é fazer metodicamente o trabalho ordenado, observar o silêncio nas fileiras. Quando uma máquina danifica-se, lançam-na no lixo se não for possível consertá-la. Quando um cavalo cai e quebra uma perna, disparam-lhe um tiro de revólver no ouvido e arrastam-no à fossa. Que um homem sucumba ao sofrimento, que ele quebre um membro ou se deixe tomar pela febre, condescendem em não acabar com sua vida, todavia, livram-se dele: que ele morra longe dali, sem aborrecer ninguém com seus gemidos. Ao fim dos grandes trabalhos, quando a natureza repousa, o diretor também repousa e licencia seu exército. No ano seguinte, ele continuará a encontrar uma quantidade suficiente de ossos e músculos para empregar, mas evitará servir-se dos mesmos trabalhadores do ano precedente. Eles poderiam falar de sua experiência, imaginar que sabem tanto quanto o senhor, obedecer de má vontade, quem sabe? Ligar-se, talvez, à terra por eles cultivada e crer que ela lhes pertence!

É verdade; se a felicidade da humanidade consistisse em criar alguns bilionários acumulando em proveito de suas paixões e de seus caprichos os produtos multiplicados por todos os trabalhadores subjugados, essa exploração científica da terra por uma chusma de galés seria o ideal sonhado. Prodigiosos são os resultados financeiros dessas empresas, quando a especulação não arruína o que a especulação cria. Tal quantidade de trigo obtida pelo trabalho de 500 homens poderia alimentar 50 mil; com a despesa feita por um salário avaro correspondendo a um rendimento enorme de gêneros alimentícios enviados por navios carregados e vendidos por dez vezes o valor de produção.

É verdade que se à massa dos consumidores faltassem trabalho e salário, ela se tornaria demasiado pobre e não mais poderia comprar todos esses produtos e, condenada a morrer de fome, não mais enriqueceria os especuladores. Mas estes não se preocupam com o futuro distante: de início, ganhar, andar sobre um caminho pavimentado de dinheiro, ver mais tarde como fica; os filhos arranjar-se-ão! "Depois de nós, o dilúvio!"

Eis, camaradas trabalhadores que amais o sulco onde vistes pela primeira vez o mistério do caulículo de trigo perfurando a dura terra; eis que destino preparam-vos! Tomarão o campo e a colheita, tomarão vós próprios, eles vos amarrarão a alguma máquina de ferro, fumegante e estridente, e completamente envoltos da fumaça do carvão, tereis de balançar vossos braços sobre uma alavanca 10 ou 12 mil vezes por dia. É a isso que se chama agricultura. E não vos atraseis fazendo amor quando o coração vos disser de unir-vos a uma mulher; não virai a cabeça para a jovem que passa: o contramestre não gosta que se fraude o trabalho do patrão.

Se convém a este permitir-vos o casamento para gerar prole, é porque ele vos avaliará positivamente segundo suas conveniências; tendes essa alma de escravo que ele teria amado modelar; sois bastante vil para que ele vos autorize a raça de abjeção a perpetuar-se. O futuro que vos aguarda é aquele do operário, da operária, da criança da fábrica! Nunca a escravidão antiga manipulou e modelou mais metodicamente a matéria humana para reduzi-la a estado de ferramenta. O que resta de humano no ser pálido, deformado, escrofuloso que nunca respira outra atmosfera senão aquela das suardas, das gorduras e das poeiras?

Evitai essa morte a qualquer preço, camaradas. Conservai com desvelo vossa terra, vós que tendes um pedaço; ela é vossa vida e aquela da mulher, dos filhos que amais. Associai-vos aos companheiros cujas terras estão ameaçadas como a vossa pelos usineiros, pelos amantes da caça, pelos agiotas; esquecei todos os vossos pequenos rancores de vizinho a vizinho, e agrupai-vos em comunas onde todos os interesses sejam solidários, onde cada tufo de grama tenha todos os comunais por defensores. Aos cem, aos mil, aos 10 mil já sereis bem fortes contra o senhor e seus criados, mas ainda não sereis bastante fortes contra um exército. Associai-vos, portanto, de comuna a comuna, e que a mais fraca disponha da força de todas. Mais ainda; apelai àqueles que nada possuem, a essas pessoas deserdadas das cidades que talvez vos tenham ensinado a odiar, mas que é preciso amar porque elas vos ajudarão a conservar a terra e a reconquistar aquela que vos tomaram. Com essas pessoas, atacareis, derrubareis as muralhas desses domínios; com elas, fundareis a grande comuna dos homens, onde trabalhareis de concerto para vivificar o solo, embelezá-lo e viver felizes, sobre essa boa terra que nos dá o pão.

Mas se não fizerdes isso, tudo estará perdido. Perecereis escravos e mendigos. "Tendes fome", dizia recentemente um prefeito de Alger a uma comissão de humildes sem trabalho, "tendes fome?...pois, então, comei-vos uns aos outros!"

A PENA DE MORTE[†]
1879

INIMIGO da pena de morte, devo tentar, de início, conhecer suas origens. Seria devido justamente a que se a fez derivar do direito de defesa pessoal? Se assim fosse, seria difícil combatê-la, pois cada um de nós tem certamente o direito de defender-se e defender os seus, seja contra a fera, seja contra o homem feroz que o ataca. Mas não é evidente que o direito de defesa pessoal não pode ser delegado, pois ele cessa imediatamente com o perigo? Quando tomamos em nossas mãos a vida de nossos semelhantes, é que não há recurso social contra eles, é que ninguém pode ajudar-nos; assim, também, quando um homem situa-se fora dos outros, acima de todo contrato, e que faz pesar seu poder sobre cidadãos transformados em súditos, estes têm o direito de reagir e matar quem os oprime. A história dá-nos felizmente inúmeros exemplos da reivindicação desse direito.

A origem da pena de morte, tal como atualmente é aplicada pelos Estados, é decerto a vingança, a vingança sem medida, tão terrível quanto possa inspirá-la o ódio, ou a vingança regulada por uma espécie de justiça sumária, isto é, a pena do talião: "Dente por

---

[†] Conferência feita em uma reunião convocada pela "Associação Operária" de Lausanne.

dente, olho por olho, cabeça por cabeça". Assim que a família foi constituída, ela substituiu-se ao indivíduo para exercer a vingança ou a vendeta. Ela exige o preço do sangue: cada ferimento é pago por outro ferimento, cada morte por outra morte, e é assim que os ódios e as guerras eternizam-se. Era o estado de uma grande parte da Europa na Idade Média, era, no século passado, aquele da Albânia, do Cáucaso e de muitos outros países.

Entretanto, introduziu-se um pouco de ordem nas guerras perpétuas graças à reparação. Os indivíduos ou as famílias podiam habitualmente se resgatar, e esse tipo de transação era fixado pelo costume. Tantos bois, carneiros ou cabras, tantos escudos sonantes ou arpentos de terreno eram fixados pela reparação do sangue. O condenado também podia resgatar-se fazendo-se adotar por uma outra família, algumas vezes, inclusive, por aquela que ele ofendera; também podia tornar-se livre por uma ação de impacto; enfim, podia cair demasiado baixo para que se quisesse puni-lo. Bastava-lhe ocultar-se atrás de uma mulher e doravante estaria livre, demasiado vil para que se quisesse matá-lo, mas mais infeliz do que se estivesse recoberto de ferimentos. Vivia, mas sua vida era pior que a morte.

A lei do talião de família a família não podia evidentemente manter-se nos grandes Estados centralizados, nas monarquias, nas aristocracias ou nas repúblicas. É a sociedade – representada por seu governo, rei, conselhos ou magistraturas – que se encarrega da vingança ou da vindita, como se diz em linguagem de jurisprudência. Mas a história prova-nos que açambarcando o direito de punir em nome de todos, o Estado, casta ou rei, ocupou-se sobretudo de vingar suas injúrias particulares, e sabemos com que fúria ele perseguiu seus inimigos e quais refinamentos de crueldade empregou para fazê-los sofrer. Não há tortura que a imaginação possa inventar e que não tenha sido aplicada contra milhões de homens: aqui queimavam lenta e cruelmente, alhures escorchavam ou cortavam sucessivamente os membros; em Nuremberg, fechavam o condenado no corpo da "virgem" de ferro incandescente; na França, quebravam-lhe os membros ou eram arrancados por quatro cavalos; no Oriente, empalam os infelizes; no Marrocos, emparedam-no, deixando-lhe a cabeça fora da parede. E por que todas essas vinganças? Seria para punir autênticos crimes? Não, sempre o ódio dos reis e das classes dominantes voltou-se contra os homens que reivindicavam a liberdade de pensar e agir. É a serviço da tirania que sempre se aplicou a pena de morte. O que fez Calvino, senhor do poder? Mandou queimar Michel Servet, um desses homens de intuição científica como não há mais de dez ou doze na história da humanidade inteira. O que fez Lutero, outro fundador de religião? Excitou seus amigos senhores a atacar os camponeses: "matai-os todos, matai-os, o inferno os receberá mais cedo". O que fez a Igreja católica triunfante? Organizou autos-de-fé. Foi ela quem acendeu as fogueiras, que manteve durante três séculos o nobre povo da Espanha sob o terror. E, recentemente, quando uma cidade livre, culpada de ter mantido sua autonomia, foi reconquistada por seus opressores, não vimos estes matarem aos milhares, homens, mulheres, crianças e servirem-se da metralhadora para aumentar mais rápido os montes de cadáveres? E aqueles que tomaram parte do massacre, orgulhosos de sua obra, não foram cinicamente gabar-se do feito? Aqui mesmo pudemos ouvi-los.

Mas se o Estado é feroz quando se trata de vingar um atentado a seu poder, ele emprega menos paixão na vindita dos crimes privados, e, pouco a pouco, envergonhou-se de aplicar a pena de morte. Já passou o tempo em que o carrasco, vestido de vermelho, exibia-se atrás do rei: não é mais o segundo personagem do Estado; não é mais o "milagre vivo" como o denominava Joseph de Maistre; tornou-se a vergonha da sociedade e não deixa que se conheça nem ao menos seu nome. Viu-se homens cortarem a mão direita para não serem forçados a servir de carrasco. Em muitos países onde a pena de morte ainda existe, não decapitam, não enforcam, não garroteiam senão no interior das prisões. Enfim, em vários países, a pena de morte foi abolida; há mais de cem anos o sangue dos decapitados não mancha mais o solo da Toscana, e a Suíça é uma das nações que tiveram a honra de queimar o cadafalso. E agora ela teria a vergonha de restabelecê-lo! Ela tem realmente bem pouca preocupação com sua glória. Antes que adote o restabelecimento da pena de morte, que lhe provem ao menos que os países onde ocorrem menos crimes são aqueles onde a penalidade é a mais terrível!

Ora, é precisamente o contrário que acontece: pois o sangue chama o sangue. É em torno dos cadafalsos e nas prisões que se formam os assassinos e os ladrões. Nossos tribunais são escolas de crime. Quais seres são mais vis do que todos aqueles dos quais a vindita pública se serve para a repressão: alcaguetes e carcereiros, carrascos e policiais?

Assim, a pena de morte é inútil. Mas ela é justa?

Não, ela não é justa. Quando um indivíduo vinga-se isoladamente, ele pode considerar seu adversário como responsável, mas a sociedade, tomada em seu conjunto, deve compreender o laço de solidariedade que a une a todos os seus membros, virtuosos ou criminosos, e reconhecer que em cada crime ela também tem sua parte. Tomou conta da infância do criminoso? Deu-lhe uma educação completa? Facilitou-lhe os caminhos da vida? Deu-lhe sempre bons exemplos? Zelou para que ele tivesse todas as oportunidades de permanecer honesto ou de fazer com que tornasse a sê-lo após um primeiro escorregão? E se ela não o fez, o criminoso não pode taxá-la de injusta?

O economista Stuart Mill, esse probo estudioso que é bom para dar exemplo a todos os seus confrades, compara todos os membros da sociedade a corredores aos quais um César qualquer fixaria o mesmo objetivo. Um dos concorrentes é jovem, ágil, disposto; um outro é velho: há enfermos, mancos, deficientes das pernas. Seria justo condenar os últimos: uns à miséria, os outros à escravidão ou à morte, enquanto o primeiro seria coroado vencedor? E fazemos outra coisa na sociedade? Uns têm oportunidades de felicidade, educação e força – são declarados virtuosos; os outros são condenados pelo meio a permanecerem atolados na miséria ou no vício – é sobre eles que deve recair a vindita social?

Mas há ainda outra causa que proíbe a sociedade burguesa de pronunciar a pena de morte. É que ela própria mata e mata aos milhões. Se há um fato provado pelo estudo da higiene, é que a vida média poderia ser dobrada. A miséria abrevia a vida do pobre. Tal ofício mata no intervalo de alguns anos, tal outro em alguns meses. Se todos tivessem as fruições da vida, viveriam como pares da Inglaterra, ultrapassariam os 60 anos, todavia, praticamente condenados, seja aos trabalhos forçados, seja – o que é pior – à falta de trabalho, morrem antes da hora, e durante sua curta vida, a enfermidade torturou-os. O cálculo é fácil de ser feito. São ao menos 8 a 10 milhões de seres humanos que a sociedade extermina a cada ano, apenas na Europa, não os matando a tiros de fuzis, mas os forçando a morrer ao suprimir-lhes seus talheres no banquete da vida. Há dez anos, um operário inglês, Duggan, suicidou-se com toda a sua família. Um infame jornal, sempre ocupado em exaltar os méritos dos reis e dos poderosos, teve a impudência de felicitar-se por esse suicídio do operário. "Que boa eliminação", exclamou; "os operários para quem não há trabalho, matam-se a si mesmos, dispensam-nos da tarefa desagradável de matá-los com as nossas mãos". Eis a cínica confissão do que pensam todos os adoradores do Deus Capital!

Qual é, pois, o remédio a todos esses assassinatos em massa, ao mesmo tempo que aos assassinatos cometidos isoladamente? Sabeis de antemão o que propõe um socialista. É uma mudança social completa, é o coletivismo, a apropriação da terra e dos instrumentos por todos aqueles que trabalham. É assim que o abismo de ódio poderá preencher-se entre os homens, que a miséria e a busca da fortuna, essa grande conselheira de crimes, cessarão de incitar os cidadãos uns contra os outros, e que a vindita social poderá, enfim, repousar--se. Ao direito da força, que prevalece na natureza selvagem, é tempo de fazer suceder a justiça, que é o ideal de todo homem digno desse nome.

Mas na sociedade transformada, é possível que ainda haja crimes. Fisiologicamente o tipo do criminoso poderá apresentar-se novamente. O que faremos, então? Mataremos o criminoso? Certamente não. Aquele no qual o crime provém da loucura, nós o trataremos, como tratamos os loucos ou os outros enfermos, protegendo-nos de suas violências. Quanto aos homens tornados criminosos pelo arrebatamento do temperamento ou pelo ardor do sangue, seria desde já possível propor-lhes a reabilitação pelo heroísmo.

Vimo-lo cem vezes: galés lançando-se nas chamas ou nas águas para salvar infelizes e sentirem-se renascer, assim, na estima dos outros homens. Os forçados que a comuna de Cartagena tornou livres, e que a França refez escravos, foram sublimes de heroísmo durante sua curta liberdade de alguns meses. Obedecei, dizia o cristianismo; e o povo aviltou-se. Enriquecei-vos, dizem os burgueses a seus filhos, e estes buscam enriquecer-se de todas as maneiras, seja violando, seja com mais habilidade, contornando a lei. Tornai-vos heróis, dizem os socialistas revolucionários, e os próprios bandoleiros poderão reerguer-se pelo heroísmo.

COLEÇÃO HEDRA

1. *Iracema*, Alencar
2. *Don Juan*, Molière
3. *Contos indianos*, Mallarmé
4. *Auto da barca do Inferno*, Gil Vicente
5. *Poemas completos de Alberto Caeiro*, Pessoa
6. *Triunfos*, Petrarca
7. *A cidade e as serras*, Eça
8. *O retrato de Dorian Gray*, Wilde
9. *A história trágica do Doutor Fausto*, Marlowe
10. *Os sofrimentos do jovem Werther*, Goethe
11. *Dos novos sistemas na arte*, Maliévitch
12. *Mensagem*, Pessoa
13. *Metamorfoses*, Ovídio
14. *Micromegas e outros contos*, Voltaire
15. *O sobrinho de Rameau*, Diderot
16. *Carta sobre a tolerância*, Locke
17. *Discursos ímpios*, Sade
18. *O príncipe*, Maquiavel
19. *Dao De Jing*, Lao Zi
20. *O fim do ciúme e outros contos*, Proust
21. *Pequenos poemas em prosa*, Baudelaire
22. *Fé e saber*, Hegel
23. *Joana d'Arc*, Michelet
24. *Livro dos mandamentos: 248 preceitos positivos*, Maimônides
25. *O indivíduo, a sociedade e o Estado, e outros ensaios*, Emma Goldman
26. *Eu acuso!*, Zola — *O processo do capitão Dreyfus*, Rui Barbosa
27. *Apologia de Galileu*, Campanella
28. *Sobre verdade e mentira*, Nietzsche
29. *O princípio anarquista e outros ensaios*, Kropotkin
30. *Os sovietes traídos pelos bolcheviques*, Rocker
31. *Poemas*, Byron
32. *Sonetos*, Shakespeare
33. *A vida é sonho*, Calderón
34. *Escritos revolucionários*, Malatesta
35. *Sagas*, Strindberg
36. *O mundo ou tratado da luz*, Descartes
37. *O Ateneu*, Raul Pompeia
38. *Fábula de Polifemo e Galateia e outros poemas*, Góngora
39. *A vênus das peles*, Sacher-Masoch
40. *Escritos sobre arte*, Baudelaire
41. *Cântico dos cânticos*, [Salomão]
42. *Americanismo e fordismo*, Gramsci
43. *O princípio do Estado e outros ensaios*, Bakunin
44. *O gato preto e outros contos*, Poe
45. *História da província Santa Cruz*, Gandavo
46. *Balada dos enforcados e outros poemas*, Villon
47. *Sátiras, fábulas, aforismos e profecias*, Da Vinci
48. *O cego e outros contos*, D.H. Lawrence

49. *Rashômon e outros contos*, Akutagawa
50. *História da anarquia (vol. 1)*, Max Nettlau
51. *Imitação de Cristo*, Tomás de Kempis
52. *O casamento do Céu e do Inferno*, Blake
53. *Cartas a favor da escravidão*, Alencar
54. *Utopia Brasil*, Darcy Ribeiro
55. *Flossie, a Vênus de quinze anos*, [Swinburne]
56. *Teleny, ou o reverso da medalha*, [Wilde et al.]
57. *A filosofia na era trágica dos gregos*, Nietzsche
58. *No coração das trevas*, Conrad
59. *Viagem sentimental*, Sterne
60. *Arcana Cœlestia e Apocalipsis revelata*, Swedenborg
61. *Saga dos Volsungos*, Anônimo do séc. XIII
62. *Um anarquista e outros contos*, Conrad
63. *A monadologia e outros textos*, Leibniz
64. *Cultura estética e liberdade*, Schiller
65. *A pele do lobo e outras peças*, Artur Azevedo
66. *Poesia basca: das origens à Guerra Civil*
67. *Poesia catalã: das origens à Guerra Civil*
68. *Poesia espanhola: das origens à Guerra Civil*
69. *Poesia galega: das origens à Guerra Civil*
70. *O chamado de Cthulhu e outros contos*, H.P. Lovecraft
71. *O pequeno Zacarias, chamado Cinábrio*, E.T.A. Hoffmann
72. *Tratados da terra e gente do Brasil*, Fernão Cardim
73. *Entre camponeses*, Malatesta
74. *O Rabi de Bacherach*, Heine
75. *Bom Crioulo*, Adolfo Caminha
76. *Um gato indiscreto e outros contos*, Saki
77. *Viagem em volta do meu quarto*, Xavier de Maistre
78. *Hawthorne e seus musgos*, Melville
79. *A metamorfose*, Kafka
80. *Ode ao Vento Oeste e outros poemas*, Shelley
81. *Oração aos moços*, Rui Barbosa
82. *Feitiço de amor e outros contos*, Ludwig Tieck
83. *O corno de si próprio e outros contos*, Sade
84. *Investigação sobre o entendimento humano*, Hume
85. *Sobre os sonhos e outros diálogos*, Borges — Osvaldo Ferrari
86. *Sobre a filosofia e outros diálogos*, Borges — Osvaldo Ferrari
87. *Sobre a amizade e outros diálogos*, Borges — Osvaldo Ferrari
88. *A voz dos botequins e outros poemas*, Verlaine
89. *Gente de Hemsö*, Strindberg
90. *Senhorita Júlia e outras peças*, Strindberg
91. *Correspondência*, Goethe — Schiller
92. *Índice das coisas mais notáveis*, Vieira
93. *Tratado descritivo do Brasil em 1587*, Gabriel Soares de Sousa
94. *Poemas da cabana montanhesa*, Saigyō
95. *Autobiografia de uma pulga*, [Stanislas de Rhodes]
96. *A volta do parafuso*, Henry James
97. *Ode sobre a melancolia e outros poemas*, Keats
98. *Teatro de êxtase*, Pessoa

99. *Carmilla — A vampira de Karnstein*, Sheridan Le Fanu
100. *Pensamento político de Maquiavel*, Fichte
101. *Inferno*, Strindberg
102. *Contos clássicos de vampiro*, Byron, Stoker e outros
103. *O primeiro Hamlet*, Shakespeare
104. *Noites egípcias e outros contos*, Púchkin
105. *A carteira de meu tio*, Macedo
106. *O desertor*, Silva Alvarenga
107. *Jerusalém*, Blake
108. *As bacantes*, Eurípides
109. *Emília Galotti*, Lessing
110. *Contos húngaros*, Kosztolányi, Karinthy, Csáth e Krúdy
111. *A sombra de Innsmouth*, H.P. Lovecraft
112. *Viagem aos Estados Unidos*, Tocqueville
113. *Émile e Sophie ou os solitários*, Rousseau
114. *Manifesto comunista*, Marx e Engels
115. *A fábrica de robôs*, Karel Tchápek
116. *Sobre a filosofia e seu método — Parerga e paralipomena (v. II, t. I)*, Schopenhauer
117. *O novo Epicuro: as delícias do sexo*, Edward Sellon
118. *Revolução e liberdade: cartas de 1845 a 1875*, Bakunin
119. *Sobre a liberdade*, Mill
120. *A velha Izerguil e outros contos*, Górki
121. *Pequeno-burgueses*, Górki
122. *Um sussurro nas trevas*, H.P. Lovecraft
123. *Primeiro livro dos Amores*, Ovídio
124. *Educação e sociologia*, Durkheim
125. *Elixir do pajé — poemas de humor, sátira e escatologia*, Bernardo Guimarães
126. *A nostálgica e outros contos*, Papadiamántis
127. *Lisístrata*, Aristófanes
128. *A cruzada das crianças/ Vidas imaginárias*, Marcel Schwob
129. *O livro de Monelle*, Marcel Schwob
130. *A última folha e outros contos*, O. Henry
131. *Romanceiro cigano*, Lorca
132. *Sobre o riso e a loucura*, [Hipócrates]
133. *Hino a Afrodite e outros poemas*, Safo de Lesbos
134. *Anarquia pela educação*, Élisée Reclus
135. *Ernestine ou o nascimento do amor*, Stendhal
136. *A cor que caiu do espaço*, H.P. Lovecraft
137. *Odisseia*, Homero
138. *O estranho caso do Dr. Jekyll e Mr. Hyde*, Stevenson
139. *História da anarquia (vol. 2)*, Max Nettlau
140. *Eu*, Augusto dos Anjos
141. *Farsa de Inês Pereira*, Gil Vicente
142. *Sobre a ética — Parerga e paralipomena (v. II, t. II)*, Schopenhauer
143. *Contos de amor, de loucura e de morte*, Horacio Quiroga
144. *Memórias do subsolo*, Dostoiévski
145. *A arte da guerra*, Maquiavel

146. *O cortiço*, Aluísio Azevedo
147. *Elogio da loucura*, Erasmo de Rotterdam
148. *Oliver Twist*, Dickens
149. *O ladrão honesto e outros contos*, Dostoiévski
150. *Diários de Adão e Eva e outros escritos satíricos*, Mark Twain
151. *Cadernos: Esperança do mundo*, Albert Camus
152. *Cadernos: A desmedida na medida*, Albert Camus
153. *Cadernos: A guerra começou...*, Albert Camus
154. *Escritos sobre literatura*, Sigmund Freud
155. *O destino do erudito*, Fichte

Edição _	Felipe Corrêa Pedro e Jorge Sallum
Coedição _	Bruno Costa e Iuri Pereira
Capa e projeto gráfico _	Júlio Dui e Renan Costa Lima
Imagem de capa _	Harris & Ewing, Story Circle, 1912
Programação em LaTeX _	Marcelo Freitas
Revisão _	Felipe Corrêa Pedro
Assistência editorial _	Bruno Oliveira
Colofão _	Adverte-se aos curiosos que se imprimiu esta obra em nossas oficinas em 4 de março de 2016, em papel off-set 90 g/m², composta em tipologia Minion Pro, em GNU/Linux (Gentoo, Sabayon e Ubuntu), com os softwares livres LaTeX, DeTeX, VIM, Evince, Pdftk, Aspell, SVN e TRAC.